Reiten nach M. Feldenkrais

Arabische Stute mit Geist

Reiten nach M. Feldenkrais

Marie-Luise von der Sode

CADMOS

Zeichnungen von Jeanne Kloepfer, Susan Harris und Anna Otto.
Fotos: Aus dem Archiv von Marie-Luise von der Sode, C. Koller,
D. Schneider, C. Drangel, S. Schorr-Thoenies, D. Meurer, R. Kröncke, B. Albrecht,
H. Breuer, E. Schöpal, F. Ebsen, P. Varak, A. von Gosslar, D. Alt-Schmitt, K. Mumoth,
L. Jahn-Micek

Copyright © 1995 by Cadmos Verlag
Redaktion: Kattrin Mauz
Gestaltung: Ravenstein Brain Pool
Lithos: M&S, Rendsburg
Druck: Westermann Druck, Zwickau
Alle Rechte vorbehalten, Abdrucke oder Speicherung
in elektronischen Medien nur nach schriftlicher
Erlaubnis durch den Verlag.

ISBN 3-86127-301-2

INHALTSVERZEICHNISS

VORWORT	6
EINLEITUNG	10
Möchten Sie besser reiten lernen?	10
Der körperorientierte Weg für	
das Pferd und den Reiter	12
Feldenkrais - wer ist das?	17
Haltung und Lebenshaltung	25
Hat mein Pferd Geist	25
Hat mein Pferd Angst	31
Das Unmögliche wird möglich	34
PACING UND LEADING	44
Pacing	48
Leadingoder der Aufbau des Athleten	56
PACING UND LEADING -	
HILFEN IM REITERALLTAG	62
Die Weide	63
Das Aufhalftern	65
Das Putzen	65
Das Auftrensen	66
Das Satteln	68
Das Aufsitzen	70
Der Rennreiter	70
Der Cowboy	71
Der Jagdreiter	72
Das klassische Aufsitzen	72
Selbstbetrachtung - Scanning	75
Wir gehe ich mit Feldenkrais um?	76
FÜHREN DES PFERDES	78
Formen des Führens	80
Die TTEAM Führposition	83
Führen und Folgen	88
Drückend oder treibend	
gehen und stehen	88
Rückwärtsrichten	89
Vorführen	90
Einstellung des Selbst zum Führen	92
DAS BALANCEKONZEPT	94
Balance von hinten nach vorne	100
Balance von innen nach außen/	
von außen nach innen	104
DER GRUNDSITZ DES REITERS	112
Was ist der Grundsitz?	115
DER FREIE KÖRPER	120
Die feinabgestimmte Hand	120
Die Grundposition	121
Die Tellington-Zügelführung	122
Die Zügelbrücke	124
Die einhändige Zügelposition	125
Halsringreiten	125
Nachgeben	125
Die aushaltende Hand	126
Halbe und ganze Paraden	127
Die drückende und öffnende Hand	127
Der innere Zügel	127
Der äußere Zügel	128
Das Atmen	129
Feldenkraisübung zur Atmung	131
Atmung - Elastizität - Dehnung	133
Die Verbindung- Becken -	
Wirbelsäule -Kopf	134
GRUNDGANGARTEN IN BEWUSSTHEIT	138
Der Schritt	141
Halbe Tritte	144
Versammelter Schritt	146
Der Mittelschritt	146
Der starke Schritt	147
Der Trab	151
Der Gallop	156
KÖRPERARBEIT UND REITEN	160
ÜBER DIE LIEBE BEIM REITEN	168

Vorwort

Oder warum diese Reitlehre keine ist

"Abteilung! Im Arbeitstempo Galopp... maaarsch!" schreit der Reitlehrer gellend durch die große Reithalle. Ich nehme mich zusammen. Schließlich reite ich heute an der Tête und muß eine gute Figur machen. Kurz vor der Ecke also eine halbe Parade, äußeren Schenkel hinter den Gurt, inneren am Gurt ... ja und dann ...? Mein Pferd fegt mit mir im scharfen Trab auseinandergefallen durch die Ecke. Mit Mühe halte ich mein Gleichgewicht. Völlig verkrampft, außer Atem und in Panik setzte ich alles daran, endlich in Galopp zu fallen, was dann irgendwie auch gelingt. Keine Frage, daß die Abteilung hinter mir sich ungefähr so verhält wie eine Reihe aufeinander gefahrener Autos im Nebel.

Der Reitlehrer tobt. Ich bin inzwischen völlig erschöpft und entnervt und möchte am liebsten in der Erde versinken. Der Schweiß rinnt mir in Bächen den Körper hinunter. Mein Hintern schmerzt. Ich bin hinter der Bewegung meines Pferdes und werde ordentlich gestaucht. Seitenstiche quälen mich. Verzweifelt versuche ich, "die Bremse" zu ziehen, und zerre am Zügel. Im wahrsten Sinn des Wortes falle ich meinem Pferd in den Rücken. Meine Füße klappern haltlos in den Steigbügeln.

"Wie ein Stück Butter auf 'ner heißen Pellkartoffel", höhnt es ätzend aus der Bahnmitte. "Mit dem Gesäß den Sattel auswischen! Absätze tief! ..." Und so weiter, und so weiter.

Nach der Reitstunde versuche ich, mich zu ordnen. Hinter meiner Erschöpfung und meinem schmerzenden Körper fühle ich

Vorwort

hilflose Wut und meine Ohnmacht, mit dieser Situation fertig zu werden. Wie wird es wohl das nächste Mal werden? Warum verliert mein Pferd beim Angaloppieren immer die Nerven? Oder liegt es doch an mir? Aber ich habe mir doch solche Mühe gegeben, alles richtig zu machen! Wenn das so weiter geht, kann ich bald gar nichts mehr...

Bedrückt schwinge ich mich auf mein Fahrrad und radle nach Hause. Wenigstens das funktioniert. Wahrscheinlich bin ich nicht begabt genug fürs Reiten. Ich sollte vielleicht doch die Sportart wechseln und Radrennfahrer werden ...

Liebe Leserin, lieber Leser, ich renne gewiß offene Türen ein, wenn ich behaupte, daß nicht nur ich allein schon mehrmals in einer solchen Situation beim Reiten steckte, die einerseits immer wieder von angespanntem Bemühen und andererseits fast gesetzmäßig vom Scheitern geprägt war.

Dabei lag es sicherlich nicht daran, daß ich die oft unglücklichen und gewiß auch unpädagogischen Anleitungen meines Reitlehrers nicht befolgt hätte. Ganz im Gegenteil! Aber es war wie verhext. Verhielt ich mich genau nach seinen Anweisungen, d.h. saß ich so im Sattel, daß er zufrieden war, kam ziemlich regelmäßig und ziemlich bald der Kommentar "Sitzt da wie ein König - aber der Gaul macht, was er will". Und das stimmte. Hatte ich andererseits mal ein rundes Gefühl und auch den Eindruck, daß "der Gaul" tat, was ich wollte, dauerte es nicht lange, und eine Sitzkorrektur kam vom Reitlehrer. Befolgte ich sie, war's mit dem Verständnis zwischen mir und meinem Pferd dahin. In meiner Not verlegte ich mich auf das Beobachten anderer Reiter und fand Erstaunliches heraus. Kaum einer der fortgeschrittenen Reiter ritt trotz offensichtlichem Bemühen schulmäßig korrekt. Jeder hatte sich auf sein Pferd eingestellt, und es schien mir, als stellten sich auch die Pferde auf den Reiter ein. Denn mit anderen Reitern verhielten sie sich oft ganz anders - und bestimmt auch nicht immer besser als mir.

Ihnen kommt das irgendwie selbstverständlich vor, liebe Leserin, lieber Leser? Sie haben recht. Das ist es auch. Aber die Qualität der Beziehung zwischen dem Individuum "Reiter" und dem Individuum "Pferd" wird trotzdem so sehr ignoriert, daß es schon wieder auffällt. "Beziehung" zum Pferd als Persönlichkeit findet höchstens im Stall oder auf der Weide statt, wo man ihm gefühlvoll Möhren zwischen die Zähne schiebt und dann selbstgefällig glaubt, das Pferd erkenne einen beim nächsten Mal wieder. In der Reithalle dagegen, dort, wo es ja eigentlich darauf ankommt, dort zeigt sich meiner Meinung nach tatsächlich die Art der Beziehung, die das Pferd und der Reiter zusammen haben.

Doch darüber ist schon viel geschrieben und noch mehr geredet worden.

Noch interessanter und wichtiger als die Frage, wie die Beziehung zwischen Reiter und Pferd richtigerweise auszusehen hat, finde ich die Frage, wie sie überhaupt hergestellt und gefördert werden kann. Welche Möglichkeiten haben Sie, Ihre Art und Weise, das Lernen zu Pferde und mit dem Pferd zu lernen und neu und befriedigender zu organisieren?

Vorwort

Als Feldenkraislehrer, der sich mit unglaublichen vielen Facetten menschlichen und tierischen Verhaltens beruflich beschäftigt und versucht, das Lernen zu lehren, weiß ich, daß es unendlich viel mehr Möglichkeiten gibt, das umzusetzen, was man auch möchte. Wichtig ist der Weg zum Ziel. Denn viele Menschen reiten ja buchstäblich mit ihrem Reitlehrbuch vor dem inneren Auge und müssen alles sofort richtig machen. Was aber, wenn man es einfach nicht richtig machen kann, sondern nur in der jeweiligen Situation zweckmäßig? Oder: Was würde eigentlich geschehen, wenn Sie Ihre Reitlehre und für eine gewisse Zeit den Unterricht einfach mal beiseite ließen und aufhörten, alles richtig, machen zu müssen? Natürlich sind Lehrbücher richtig und notwendig. Nicht zuletzt ist dieses Buch ein Lehrbuch. Aber das Wissen, was richtig ist, beinhaltet noch lange nicht, wie Ihr persönlicher Weg dahin aussehen könnte!

Wissen ist immer nur der vorläufige Endpunkt einer langen Entwicklung, eines langen Lernprozesses. Dieser Lernprozeß setzt bei Ihnen - besser in Ihnen - an und längst nicht in einem Lehrbuch allein. Jeder Mensch hat seinen persönlichen Weg, das Lernen zu erlernen zu lernen. So kann Ihnen auch kein Buch der Welt vermitteln, wie wunderbar es sich anfühlt, im Einklang mit dem Pferd und in tiefer Losgelassenheit zu galoppieren - und zwar mit tiefen Absätzen und einem Gesäß, das bequem den Sattel auswischt. Und ohne zerschundene Glieder.

Das kann auch dieses Buch nicht!

Aber es kann Ihnen sehr wirksame und wohldurchdachte Wege aufzeigen, dieses Körpergefühl für sich und dann auch in Bezug auf das Pferd zu erkennen, zu erfühlen und sich bei Bedarf neu zu organisieren.

"Hören Sie auf, sich Mühe zu geben!" rief Moshe Feldenkrais seinen Schülern immer wieder zu. Und ich möchte Ihnen zurufen: "Hören Sie auf, sich Mühe zu geben - und immer alles richtig machen zu müssen!" Leisten Sie es sich vielmehr öfters sozusagen innerlich "mit den Händen in den Hosentaschen", beim Reiten zu spüren, wie Sie Ihren Körper der Bewegung des Pferdes angleichen können, wie Sie sich (und das Pferd) innerlich und äußerlich weich, geschmeidig und kraftvoll formen können.

In diesem Sinne ist das Ihnen hier vorliegende Buch überhaupt keine Reitlehre, die es auswendig zu lernen gälte. Es ist eine mit großer Liebe, Engagement und Sachkenntnis geschriebene Anleitung, beim Reiten das zu tun, was man prinzipiell auch vermag. Was natürlich etwas ganz anderes ist, als sich bequem und mechanisch körperfremden "richtigen" Regeln anzugleichen.

Das ist bestimmt nicht ganz leicht und doch recht einfach. Ich glaube, Sie müssen einfach ein wenig weniger intellektuell nachdenken und dafür innerlich gelassener werden, um die vielen Freiheiten, die Ihnen die Lektüre dieses Buches geben wird, zu genießen und auszuprobieren.

Viel Spaß!

Dierk Wichmann, Feldenkraislehrer
Bremen

Beginn das Schwere,
wo es noch leicht ist.
Denn alles Schwere auf Erden
entspringt dem Leichten.

Laotse

"Das Unmögliche wird möglich,
das Schwierige leicht,
und das Leichte angenehm."

Dr. Moshe Feldenkrais

EINLEITUNG

MÖCHTEN SIE BESSER REITEN LERNEN?

Haben Sie des öfteren ein ungutes Gefühl beim Reiten? Spüren Sie Disharmonie? Kommt es zu Spannungen zwischen Ihnen und Ihrem neuen Pferd?

Vielleicht sind Sie gar ein Profi, haben sich Ihr Können hart erarbeitet? Konnten Sie dabei Ihre Reitweise und Ihre Pferde kontinuierlich verbessern? Möchten Sie sich nun auf Ihre Kunden einstellen? Auf all die Reitschülerinnen, die auf gänzlich unterschiedlichen Pferden so ganz anders an das Reiten herangekommen sind als Sie? Fühlen Sie, daß Ihnen Sprachverständnis und Körpergefühl Ihrer Schüler manchmal fremd sind?

Haben Sie Angst beim Reiten, oder zeigen sich Pferde unter Ihnen überwiegend ängstlich?

Vielleicht ist auch Verschleiß Ihr Thema? Haben Sie Schmerzen im Rücken oder an anderen Stellen Ihres unwillig scheinenden Körpers; verläßt Sie schnell Ihre Kraft? Haben Sie sich schon damit abgefunden, daß wirklich geschmeidig und elastisch nur die anderen sind?

Viele von Ihnen haben Fragen. Vielleicht kaufen Sie alle fünf Jahre ein neues Pferd. Ihr voriges haben Sie verabschiedet, da es aufgrund von erheblichen gesundheitlichen Mängeln oder charakterlichen Untugenden, die sich insbesondere beim Reiten zeigten, nicht mehr reitbar war.

Für Sie alle ist diese moderne Reitlehre - als Ergänzung und zur Unterstützung der klassischen Lehren - geschrieben, damit Sie zu einem lebendigen Reiten in einem freien Körper mit Ihrem Pferd in seinem freien Körper kommen.

Einleitung

*Ilona Semsrott - Verwirklichung von Harmonie
und Leichtigkeit in ihrer Vollendung*

Ganz im Sinne eines Dr. Moshe Feldenkrais möchte ich Sie auf den Weg des Lernens bringen und helfen,

IHNEN DAS UNMÖGLICHE MÖGLICH ZU MACHEN, DAS SCHWIERIGE LEICHT UND DAS LEICHTE ANGENEHM

(Dr. M. Feldenkrais)

Und ganz in seinem Sinne hätte dann aller Reitunterricht und jede Ausbildung Ihres Pferdes oder Ponys ausschließlich den Zweck, Ihre Fähigkeiten zu erhöhen und die Grenzen zu erweitern, die sich Ihnen und Ihrem Pferd in den Weg stellen. Und alles in einem Klima von Leichtigkeit in jeder Stufe des Lernens bis hin zur Ausreifung der légèreté - der Harmonie und Leichtigkeit in ihrer Vollendung - wie sie als Ergebnis des feinen 'klassischen' Reitens gemeint ist.

DER KÖRPERORIENTIERTE WEG FÜR DAS PFERD UND DEN REITER

Im folgenden möchte ich Ihr Interesse und Verständnis dafür wecken, wie der körperorientierte Weg für Pferd und Reiter in meinem Leben eine so wichtige Rolle übernahm, daß ich heute als Multiplikatorin dieser Methoden ein INSTITUT FÜR AUSBILDUNG IN FELDENKRAIS UND REITEN leite. Und zwar von der Ponyführzügelklasse bis hin zu öffentlichen Demonstrationen der Lehrmethoden mit Teilnehmern der finnischen und schwedischen Equipen für Dressur und Springen.

Ein Dank geht dabei an die Freizeitreiter, über die sich die Reitlandschaft in bezug auf Pferderassen und Reitweisen erst so multikulturell und farbig gestaltete, wie wir sie heute kennen.

Als ich 1960, als sechsjährige Knirpsin, meine reiterliche Laufbahn begann, wurde mir eben diese Vielfalt der Möglichkeiten zu reiten und Umgang mit Pferden zu haben nahegebracht. Auf diese Schatztruhe vergleichender Erfahrungen kann ich heute in meinem Unterricht zurückgreifen.

Es ist ein sehr feldenkraisisches Element, an vielen verschiedenen möglichen Körperwahrnehmungen und Empfindungen von Emotionen und Bewegungen teilnehmen zu dürfen. Darüber werden Sie bald mehr im folgenden Feldenkraiskapitel dieses Buches hören.

Im Alter von sechs bis neun Jahren ritt ich in der Kinderreitschule des Tierparks in Duisburg. Dort war Rassenvielfalt vertreten! Von gekörten arabischen Hengsten wie Kheman OX, Kaisoon OX und ihren Stuten bis hin zu Dülmener- oder Fjordpferden und der Shetlandponystute Schecki waren alle Pferde für ein Reiten mit Kindern ausgebildet und wurden so eingesetzt, daß es nie zu Überforderungen kam.

Die Haltung war zwar nicht ganz artgerecht - es fehlte der Weideauslauf für die Pferde und Ponys - alle Tiere machten aber einen zufriedenen Eindruck, waren

Der körperorientierte Weg

Eine reizvolle Umgebung beim Reiten macht Pferde und Reiter umgebungssicherer.

umgänglich und sicher von Kindern und Jugendlichen gut zu reiten.

Wenn ich heute aus dieser Zeit lerne und Lehrmaterial für den körperorientierten Ansatz übernehme, dann deshalb, weil moderne Begriffe der heutigen Zeit damals bereits äußerst erfolgreich umgesetzt wurden.

Es gab eine klare Dominanz vom Reitlehrer zu seinen Pferden hin. Dadurch entstand ein sicheres Gefühl, was sich natürlich auch auf den Umgang mit den Kindern auswirkte.

Es gab Kommunikation. Es war eine große Pferdegemeinschaft. Pferde lieben das Leben in viel Gesellschaft, und sich in einem Herdenverband eingekettet zu fühlen macht sie umgebungssicherer und toleranter.

Es gab eine reizvolle Umgebung. Der Unterricht fand nicht in einer Reithalle statt, und während der Reitstunden schauten Elefanten, Giraffen zu. Für uns Kinder hieß das, stets gesammelte Aufmerksamkeit dem Reitlehrer, aber auch der Umgebung zuzuwenden. Die Umgebung stimulierte Neugier, Sympathie, Interesse und Abenteuerlust, während gleichzeitig das Pferd oder Pony, als der eigentliche Lehrer, dich berührte, bewegte und trug.

Wesentlich geprägt für meinen Umgang mit Reitern und Pferden hat mich die englische PONYCLUB-Tradition. Meine Eltern schenkten mir das Welsh-Pony Siverprince, ein dreijähriges Wildbahnpony aus Wales, importiert von der MARY BARKER PONY RANCH in Duisburg.

Der körperorientierte Weg

Reiten lernen im Sinne der englischen Ponyclub-Tradition

Unter Anleitung der englischen Reitlehrerin Mary Barker lernte ich, mein Pony und andere handzahm zu machen, anzureiten und als Turnierpony auszubilden. Nebenbei sprach ich alsbald fließend englisch - sicher einer der Gründe, weshalb Eltern und Lehrer mir verziehen, wenn ich im Sommer mit dem Pony zur Schule ritt. (In der Zeit der Stoppelfelder war ich schneller als die Straßenbahn!)

Im Vergleich zum konventionellen Reiten wurden hier Kinder und Pferde schon damals mit außergewöhnlichen Methoden vertraut gemacht. Reiten ohne Sattel und Trense wurde in den Unterricht eingebaut, sowohl auf dem Reitplatz als auch im Parcours. Ebenso wurde mit Sattel, aber ohne Steigbügel und ohne Zügel geritten.

Wir bestritten Ponyrennen und Turniere, gingen auf Fuchsjagden, machten Tagesritte, Nachtritte und andere Ausflüge mit den Pferden.

"Mit viel Liebe und mit viel Zucker", hieß die Anleitung für die ersten Sprungstunden, wenn wir mit dem Pony am Halfterband selber über die Hindernisse hüpften.

Der gedankliche Transfer zur Feldenkraisarbeit beim Reiten heutzutage: Viele verschiedene Bewegungs- und Berührungserfahrungen machen zu dürfen schafft und eröffnet Wahlmöglichkeiten. Aus diesen heraus können wir uns dann angemessen in den entsprechenden Situationen bedienen.

Ungewöhnliche Bewegungsinformationen können sowohl taktil, also über Berührung mit dem Pferd oder vom Reitlehrer, als auch informell-verbal gegeben werden. Bei Ihnen bleibt dann die Entscheidungshoheit, wieviel Wahlmöglichkeiten Sie zulassen möchten - ein zentrales Anliegen bei Moshe Feldenkrais, denn es ist Ihr Leben, Ihre Freizeit und Ihr Sport. Es betrifft Ihren Körper, Ihre Gefühle und Ihren Lernprozeß.

Auf der MARY BARKER PONY RANCH lernten wir gleichzeitig Reiten und in kleinen Unterrichtseinheiten, Reiten zu unterrichten.

Selber Erlebtes wurde sprachlich verfügbar; wir schulten unser Auge, und es machte viel Spaß, Lehrer zu sein in der einen Situation und Schüler in der anderen.

Mrs. Barker korrigierte auch verdorbene Pferde. Kranke sowie neurotische Pferde wurden dort handzahm gemacht und ausgeheilt. Die erfolgreich angewandten Methoden waren Vorläufer meiner Spezialgebiete von heute - der TTEAM-Methoden von Linda Tellington-Jones, dem Centered Riding von Sally Swift, der Bewußtheit durch Bewegung sowie der Funktionalen Integration nach Dr. Moshe Feldenkrais.

Unterlegt wurde diese sehr personale Begegnung zwischen Mensch und Tier von damals nicht weit verbreiteter artgerechter Haltung der Pferde und Ponys mit täglichem Weideauslauf im Sommer wie im Winter. Mary Barker und ihr Mann betrieben außerdem noch eine Tierpension für Hunde und Katzen, und zwei Jahre lang überwinterte bei ihnen ein Zirkus mit seinen Tieren.

Die Hunde lernten alle Parcoursspringen, und wir lernten alle, horsemanship auf jedes Tier zu übertragen, "DENN WIR ALLE SIND EINS" (Linda Tellington-Jones).

Parallel dazu durchlief ich regelmäßig den Unterricht auf den Schulpferden benachbarter Reitvereine bei sehr netten, alten Polizei- oder Kommißreitlehrern. Besonders geprägt aber haben mich in meiner Reitlehre, auch aus heutiger Sicht, die regelmäßige Teilnahme am Unterricht sowie unzählige Ferienlehrgänge auf den gut ausgebildeten Sportpferden meiner Eltern in der Landesreitschule Rheinland bei Albert Brandl. So war ich mit zwölf bis achtzehn Jahren in sehr sportlicher Verfassung mit entsprechender Einstellung.

In der Landesreitschule wurden Athleten ausgebildet - Pferde und Reiter. Sie werden die Unterscheidung zwischen einem Reiten im freien Körper und dem Aufbau eines Athleten weiter hinten im Buch wiederfinden.

Sportliche Warmblutpferde aller Rassen wurden für Dressur und Springen gleichermaßen vorbereitet. Und junge Leute wurden mit einem straffen, jedoch fairen und ehrlichen Training an die sportlichste Seite des guten Klassischen Reitens herangeführt. Aus Bewegung resultierende Gefühle auf einem durchlässigen, schwingenden Pferd in Grundgangarten und Lektionen kommen aus dieser Zeit und bestimmen heute meine Unterrichtsvorgaben.

Mehrfach hatte ich als junge Reiterin die Möglichkeit, in Ferienlehrgängen und Praktika auf dem Trakehnergestüt Klosterhof Medingen, die Remonteschule für Turnierpferde und Leistungsvererber von Beginn an zu lernen.

Dieses Trakehnergestüt war damals die einzige private Hengstleistungsprüfungsanstalt. Eugen Wahler legte großen Wert auf die Beurteilung von Interieur und Rittigkeit. Geländetraining - auch durchs Wasser - war für alle Remonten eine Selbstverständlichkeit wie auch die Arbeit an der Doppellonge, im Sprunggarten - und die Belobigung mit Hafer.

Sind Sie ein Profi? Hier Marcia Kulak, USA.

Der körperorientierte Weg

Mit Ruhe und Verständnis wurden die Pferde erzogen und vertrauensvoll auf grosse Aufgaben, besonders in der Vielseitigkeit, vorbereitet. Ich erinnere mich, daß das tägliche Training in der Bahn mit Musik, insbesondere von Mozart, unterlegt war.

Auch hier wurde am Athleten gearbeitet und der freie Körper, die seelische Losgelassenheit, Demut und Disziplin bei den Pferden und Reitern in ihrer Anlage vorausgesetzt und bestens gefördert.

"Den Athleten bauen" - "Gelerntes als Eigenes in die Vererbung gelangen lassen". Wir werden diesen Aspekt im weiteren Verlauf des Buches wiederfinden.

Als junge Studentin untermauerte ich meine humanpsychologischen Ausbildungen mit Fortbildungen im Bereich des Heilpädagogischen Reitens. Das Pfarrerehepaar v. Dietze aus Niedermoos bei Fulda hat mir nahegebracht, wie ein gut erzogenes und durchlässiges Pferd der Gesundheit und dem seelischen Wohlbefinden von Menschen dienen kann. Und daß dieses Wissen mit all seinen verschiedenen Methoden und Wegen nicht nur dem Reitsportler zugute kommt, sondern ebenso jungen und alten Menschen, Gesunden und Kranken, Artigen und Unartigen.

Die Gemeinsamkeit dieser von mir beschriebenen Lehren und Schulen - und vielen anderen, die ich kennenlernte, bestand in der Liebe zum Pferd.

Trotzdem gab es in jeder Unterrichts- und Haltungsform glückliche und unglückliche Pferde und Reiter - die innerhalb der jeweiligen Methoden Erfolgreichen und die Aussteiger.

Mir hat dieses Pferde- und Ausbildungs-Potpourri Nachdenklichkeit und neue Denkanstöße beschert. Ich habe versucht, den großen gemeinsamen Nenner herauszuarbeiten, der in jeder Methode einigen Reitern ermöglichte, "das Unmögliche möglich zu machen, das Schwierige leicht und das Leichte angenehm" (M. Feldenkrais).

Die Basisinformation, der absolute Geheimtip ist es, sowohl für das Pony oder Pferd als auch für uns Reiter und Reiterinnen, den roten Faden zur Entwicklung des freien Körpers zu finden. Einen Körper, bei dem Psyche, Motorik, Körperspannung und Gedanken in Einklang sind - ausgerichtet auf die jeweilige Gefühlslage oder das jeweilige Bewegungsverhalten ohne den störenden Einfluß parasitärer Bewegungen oder Gedanken, die nur für ein gänzlich anderes Vorhaben Sinn machten.

Daraus kann etwas werden: zufriedene in ihrer Freizeit reitende Menschen mit happy dreinschauenden, gesunden Pferden. Genauso wie aus dem Leistungssportler, der sein Pferd zum Profi werden läßt, wobei man beiden ansieht, daß ihr gemeinsam erarbeiteter Stolz und Ehrgeiz ihnen bekommt. Es gibt diese freien Gestalten in allen Reitkulturen und Pferderassen und sogar in jeder Aufstallungsform.

Ich habe mich aufgemacht und mich sehr gründlich darin ausgebildet, um mit Hilfe der Feldenkraismethode und anderen ganzheitlichen Sichtweisen des Zusammenhanges zwischen Leben und Bewegen weitaus mehr Pferden und Reitern ein gutes Körpergefühl spürbar zu machen. Ich biete damit an, auf eine zeitgemäße und intelligente

 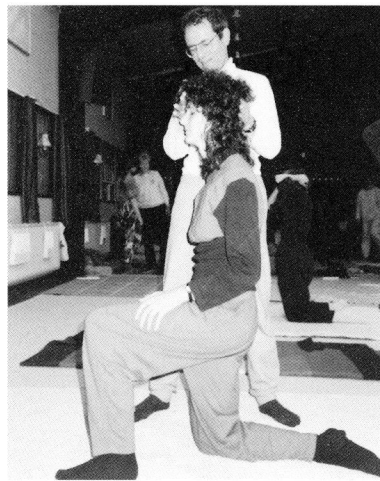

Feldenkrais-Einzelbehandlungen (FI) sind Lehrstunden unter sanfter manueller Führung.

Feldenkrais-Gruppenarbeit (ATM) in Bewußtheit durch Bewegung

Art, den Umgang mit Pferden zu lernen und das derzeitige eigene Reiten zu verbessern.

FELDENKRAIS - WER IST DAS?

Dr. Moshe Feldenkrais wurde 1904 in Slawuta (Rußland) geboren. Er wanderte als Fünfzehnjähriger in das damalige Palästina aus.

Er studierte an der Sorbonne (Paris) Physik, promovierte in diesem Fach und arbeitete gemeinsam mit Juliot Curie an der ersten Kernspaltung in Frankreich (1938). Neben seiner Tätigkeit als Physiker war Feldenkrais bereits während seiner Studien-

Freizeitreiterin in einer Position von Ruhe und Sammlung.

zeit aktiver Judoka. Er errang den schwarzen Gürtel, zog sich aber eine schwere Knieverletzung zu. Seine Ablehnung eines chirurgischen Eingriffes führte ihn zu intensiven Forschungen in der Neuro- und Verhaltensphysiologie sowie der Neuropsychologie.

Feldenkrais war Leiter des wissenschaftlichen Forschungsinstitutes der Wehrmacht in Israel und hielt Vorlesungen an der Universität Tel Aviv. Später unterrichtete er an Hochschulen Nordamerikas, an der Sorbonne, in Israel und England. Zu seinen Schülern gehörten auch Yehudi Menuhin, Moshe Dayan, Ben Gurion, Margeret Mead u. a.

Einige hundert Schüler konnte Moshe Feldenkrais mit Hilfe langjähriger gemeinsamer Ausübung der von ihm entwickelten Methoden zu Lehrern ausbilden. Moshe Feldenkrais starb 1984 in Israel.

Heute gibt es im internationalen Verband einige große Schulen. Die Ausbildung zum Feldenkraislehrer wird zur Zeit im wesentlichen von alten Meistern durchgeführt, die selbst Schüler von Feldenkrais waren.

Der Unterricht gliedert sich in Einzelbehandlungen (FI) und Gruppenarbeit (ATM) und wird häufig, unterstützend zum Lern- und Leistungsbereich, auch bei Musik und Sport eingesetzt.

Tatsächlich handelt es sich um die Arbeit an unserer Möglichkeit, das Lernen zu lernen, uns klar und bewußt weiterzuentwickeln, auch unseren Körper - und damit uns. Den wir sind unser Körper. Allerdings ist die Körperlichkeit hierbei unser Mittel, uns überhaupt verändern zu können! Jede Bewegung gibt Auskunft über die Qualität der Organisation sehr großer Bereiche unseres Gehirns. "Das Leben ist ohne Bewegung undenkbar", schreibt Moshe Feldenkrais, weil Bewegung aus vielen verschiedenen Komponenten besteht:

- aus dem Mittel zum Zweck, um etwas zu erreichen
- aus dem Ausdruck von Gefühlen
- aus dem Bereich, wo sie als Kommunikationsinstrumentarium dient
- und daraus, wo sie zur Orientierung in Zeit und Raum und im Verhältnis zur Schwerkraft dient

Beim Lernen spielen und spielend lernen - ein Grundprinzip der Feldenkraislehre.

Als Feldenkraislehrer arbeiten wir - ob wir wollen oder nicht - immer am ganzen Menschen! Anders werden wir der Tragweite dessen, was Moshe Feldenkrais herausfand, in keinster Weise gerecht. Eine Verbesserung von Fähigkeiten in einzelnen Lernsystemen und/oder Teildisziplinen nehmen wir als Nebeneffekt wohlwollend zur Kenntnis.

Moshe Feldenkrais hat mit der nach ihm benannten Methode eine Lehre entwickelt, die jedermann ermöglicht, innerhalb seiner eigenen Entwicklung und im Zugang zu seiner Lernfähigkeit, Grenzen und Möglichkeiten neu zu definieren.

Im Mittelpunkt seines Wirkens standen unsere spezielle Art, lernen zu können, sowie die Art, uns selber einzusetzen, zu gebrauchen.

Er sah das Leben des Menschen als einen ununterbrochenen Vorgang. Diesen Vorgang gilt es kennenzulernen, zu spüren, zu beeinflussen.

Er lehrte die Kunst, das Augenmerk nicht auf die Veranlagung oder die Eigenschaften eines Lebewesens zu richten, sondern auf diesen Vorgang, an dem viele Faktoren mitwirken. Es gilt, diesen Vorgang zu verstehen und die vielen ihn beeinflussenden Faktoren so zu kombinieren, daß er fließend wird und sich jeweils selber ausgleicht. "Je klarer einer die Grundlagen des Vorgangs versteht, desto besser wird sein Ergebnis sein." (Moshe Feldenkrais)

Wirklich eine Eigenschaft, ein besonderes Geschenk von Feldenkrais an seine

Schüler ist es, daß wir jede Bewegung, Handlung oder Emotion selber spüren, selber erfahren und selber tun dürfen.

Folgen Sie mir in Gedanken zurück zur reiterlichen Wirklichkeit. In konventionellen Strukturen werden häufig vorgefertigte Formen an Sie herangetragen, immer vorausgesetzt, daß Sie diese quasi hellsehend umsetzen können und mögen, wobei ihrem Pferd ebenfalls unterstellt wird, daß es die gewünschte Form schon gefühlt, erlebt oder sich in ihr bewegt hat und sie daher automatisch kennt.

Moshe Feldenkrais hat die westliche Form von Erziehung scharf kritisiert und das Augenmerk, seinen Focus, auf die Möglichkeiten gerichtet, die in der Selbsterziehung liegen.

Denken Sie daran, wie Sie sich manches Mal in bezug auf Lektionen wie beispielsweise Schenkelweichen, Traversalen, Voltenreiten oder bei Anforderungen zur Hilfengebung wie bei den Paraden oder beim Angaloppieren gefühlt haben.

Oder sind Sie eine/r von vielen, die sich dahingehend retten, formlos zu reiten, oder sich und dem Pferd nur das Minimum abverlangen nach dem Motto: "Trage mich von A nach B, was ich hier auf dir tue, weiß ich nicht; ich weiß auch nicht, wie es dir, Pferd, geht, aber laß uns doch den Sonnenschein genießen." Sie alle beide verzichten auf wunderbare Erlebnisse, die in diesem Fall das Pferd Ihnen ermöglichen kann.

Altes Wissen sagt dazu: "Reiten lernt man nur durch Reiten!" "Selber erfahren, selber spüren, selber tun." (Moshe Feldenkrais) Sie haben hiermit die Chance, lernen zu können, wie man lernt.

Um reiten zu können, um überhaupt handlungsfähig zu sein, müssen Sie sich nicht nur bewegen können, sondern BEWUSSTHEIT erwerben. Abgespeichertes, von Ihnen selbst ursprünglich herausgefundenes Knowhow, ein Wissen über den Handlungsbedarf der Ihnen und Ihrem Pferd zur Verfügung stehenden Körperinstrumentarien.

Im Zustand der Bewußtheit sind Sie nicht nur wach, sondern wissen genau, was Sie tun und wie es Ihnen dabei geht. Sie haben Zeit und die Fähigkeit, eine Beziehung zur Orientierung im Raum um sich und Ihr Pferd herum herzustellen sowie zum Zug der Schwerkraft in all ihren Bewegungsabläufen. Sie und Ihr Pferd kennen sich aus mit viel mehr als nur links und rechts, oben und unten. Sie haben dann eine Beziehung zu Ihrer gesamten Körperoberfläche und zu allen Knochen und Gelenken.

Sie können Bewegungen kennenlernen als Mittel und Ausdruck der Kommunikation, denn Sie kommunizieren sowieso über Bewegung, ob Sie nun wollen oder nicht. Nach Moshe Feldenkrais ist ein vollständiges Ich-Bild ein Ideal und dementsprechend selten. Anzustreben wäre jedoch der Weg zur Erweiterung des Ich-Bildes. Bedenken Sie jedoch, ob starre, vom Militär auf einheitliche Formationen ausgerichtete Anweisungen wie "Sitz gerade!", "Halte die Hände ruhig"!, "Sei locker"! Sie in Bewegung bringen konnten, sich zu vervollkommnen.

Das Ich-Bild besteht aus
1. Bewegung
2. Sinnesempfindung
3. Gefühl
4. Denken

"Alle vier Punkte sind an jeder Handlung beteiligt. Wenn Sie eine dieser Möglichkeiten nicht mehr zur Verfügung haben, kann Ihr Leben gefährdet sein." (Moshe Feldenkrais)

Feldenkrais beschränkt sich mit seinen Anleitungen auf den motorischen Teil des Ich-Bildes; die drei anderen, Sinnesempfindung, Gefühl und Denken, sind untrennbar mit Bewegung verbunden und darüber erkennbar. "Bewegung ist Leben, und Leben ist Bewegung." (Moshe Feldenkrais)

Und wie oft, nur innerhalb Ihrer Reitlaufbahn, haben Sie es sich angetan: Sie haben sich sparsam bewegt, nichts mehr gehört oder gesehen, haben sich elend gefühlt und

Feldenkrais – Wer ist das

In jedem Bewegungsablauf können Sie den Bezug zur Schwerkraft in Erdung und Aufrichtung optimal verwirklichen.

Ihr Denken blockiert. Sie wollten Ihr Pferd nur an den Zügel reiten? Es kommt nicht mehr vom Fleck, und die Arme tun Ihnen weh. Fast stoßen Sie mit den anderen Reitern zusammen. Sie haben niemanden kommen hören oder sehen. Sie fühlen sich matt, denken nur noch in Durchhalteparolen, und Ihr Pferd knirscht mit den Zähnen.

Vielleicht haben Sie am Ende dieses Buches einen Eindruck gewonnen, daß es anders gehen und wie es anders gehen könnte.

Der Erwerb von grundlegenden Fähigkeiten geht einher mit der sukzessiven Ausreifung nervaler Strukturen in frühester und früher Kindheit und mit der Ausbildung der Gefühlswelt. Wenn wir beim Lernen spielen oder spielend lernen. Also mit einer aus Neugier geborenen Aufmerksamkeit ohne Absicht, die nicht zielorientiert ist. Mit der Verwirklichung vielleicht viel zu fremdbestimmter oder sparsam vorgegebener Ziele berauben wir uns unserer Visionen und unserer Spontaneität.

Ich habe im einführenden Kapitel Teile meiner reiterlichen Kindheit vorgestellt; dort war spielerisches Lernen in Aufmerksamkeit ohne Zielorientierung und Absicht möglich. Graben Sie in der Schatztruhe Ihres eigenen reiterlichen Werdeganges. Es gibt noch mehr Beispiele. Oder etwa nicht auf Ihrem Ausbildungsweg?

Kindliche Einstellung zum Lernen heißt auch: eine einfache Handlung nicht durch eine andere zu ersetzen. Sie könnten statt dessen Unterschiede spüren lernen, indem Sie einander ähnliche Empfindungen über Wiederholung erkennen und bewerten können. Solche Stimmung, Haltung und Bewegung nennen wir ein Lernen, das gleichzeitig Wachstum ist. Wachstum und Lernen als grundlegende Fähigkeit, uns zu entwickeln, und nicht bloß als ein Trainieren von Techniken. (Sie könnten also einen Bogen reiten - und einen Bogen und einen anderen Bogen, und noch einen Bogen, bis Sie ihn identifizieren können und einzelne Bögen in ihrer Qualität voneinander unterscheiden.)

Im Sinne des Moshe Feldenkrais unterrichten Feldenkraislehrer, wie ein Mensch zu einer freien Wahl kommt. Im effektiven Lernen werden Aktion und Absicht einander angeglichen. Dadurch wird die Absicht klarer. Wir können dann Handlung und Absicht insofern vergleichen, daß wir jederzeit einen jeden Handlungsabschnitt identifizieren, isolieren und umwandeln können. Bewußtheit ist hier dann die freie Wahl innerhalb einer Handlung.

"DAMIT SIE TUN, WAS SIE WOLLEN, MÜSSEN SIE WISSEN, WAS SIE TUN." (Moshe Feldenkrais)

"WENN DU WEISST, WAS DU TUST, KANNST DU TUN, WAS DU WILLST." (Moshe Feldenkrais)

Nach Moshe Feldenkrais unterrichte ich Bewußtheit durch Bewegung also über Bewegungsanleitungen. Das Nervensystem ist vorwiegend mit Bewegung beschäftigt. Bewegungsmuster drücken bei Mensch und Tier den Zustand des ganzen Nervensystems aus. Über Bewegung präsentiert sich die Verfassung des ganzen Lebewesens.

Bewegungsmuster sind sichtbar, hörbar und fühlbar. Daher ist es leichter, sie direkt zu verändern als andere Aspekte des Seins. "Bewegung ist die Grundlage der Bewußtheit. Von dem, was in einem vorgeht, bleibt uns das meiste dumpf und verborgen, bis es die Muskeln erreicht. Was in uns noch geschieht, erfahren wir, sobald unsere Gesichtsmuskeln sich zu einer Gestalt organisieren, die wir als Furcht kennen, Lachen, Angst usw." (Moshe Feldenkrais)

Die Koordination einer Bewegung und der Umgang - das Einstellen auf die Schwerkraft -, sind die ersten Lernprozesse im Leben. "Das sukzessive Lernen willkürlicher Bewegungen sind die ersten Schritte eines Säuglings, das zu tun, was er möchte, um sich mitzuteilen, sich zu orientieren und zu kommunizieren. Die Art und Weise, wie und unter welchen Bedingungen diese Lernprozesse geschehen, sind von entscheidender Bedeutung für das weitere Leben und in außerordentlichem Maße individuell." (Moshe Feldenkrais)

Sie können als Vorbild dienen für jeden Lernprozeß von persönlicher Bedeutung. Als Basis für jedes andere Lernen ist die Reorganisation von Bewegung und die Wiederangleichung an die Schwerkraft die fundamentalste Reorganisation, die einer Person möglich ist.

Niemand ist losgelöst von der Schwerkraft! Der Trick ist, wieder zu erlernen, wie man sich die Schwerkraft zunutze machen kann, und somit die Eigenschaften der Struktur und auch des Skelettes.

Wenn Sie die eben angegebenen Grundsätze in eine Beziehung setzen zum Trainieren von Reitern, brauchen Sie viel mehr Zeit und andere Hilfestellungen und Vorgaben, wenn Sie z.B. angaloppieren wollen, den Zügel aufnehmen oder sich richtig hinsetzen.

Als Feldenkraislehrer haben wir einzigartige Möglichkeiten, "Bewußtheit durch Bewegung" zu unterrichten. Wir akzeptieren keine Regel oder Norm dafür, was in Bewegung oder Handlung richtig oder falsch ist. Beide Bewertungen (richtig und falsch) sind sinnentleerte Eckwerte und Abstraktionen der eigentlichen Wirklichkeit, die aus immer wieder erneutem Erkennen, aus Entwicklung, aus Wachstum besteht.

In einer nach Feldenkrais orientierten Unterrichtsstunde liegt die einzige Absicht darin, Ihnen vertiefte Bewußtheit anzubieten darüber, wie Sie sich selber organisieren, wenn Sie das tun, was Sie wollen oder was die Situation von Ihnen verlangt. Das tun wir unter verbaler Anleitung oder mit sanfter manueller Führung, und wir umgehen und respektieren dabei Schmerzen, Streß und Widerstände.

Motto beim Reitunterricht kann daher nicht sein: "Wer nicht herunterfällt, ist kein Reiter!", "Ohne Fleiß kein Preis" oder "Pferd und Reiter müssen ordentlich schwitzen". Ich möchte vielmehr zur Einsicht in die Bewegungsabläufe und Lektionen anleiten.

In dieser Vorgehensweise erhöhen wir die Sensibilität, während wir die Anstrengung, den Aufwand, reduzieren. Daraus entstehen optimale Bedingungen für Lernen und intelligente Aktion. Das Ergebnis ist, für jedes Niveau, für jeden Leistungsanspruch, ein feines Reiten mit einem guten Gefühl für die Seele und für den Körper, und zwar von Pferd und Reiter.

HALTUNG UND LEBENSHALTUNG

HAT MEIN PFERD GEIST?

Ich war vor cirka 15 Jahren zu Besuch im Haupt- und Landesgestüt Marbach. Über das weitläufige Gelände bummelnd, kam ich zur arabischen Stutenherde, die friedlich beieinander grasend auf einer Außenkoppel stand.

Die Pferde waren in sehr guter Verfassung, schienen mit ihrem Leben zufrieden zu sein. Denn weder rempelten sie gierig am Zaun entlang, wie es manche Weidepferde tun, die aus Überfütterung und Langeweile die action des Tages beim Besucher abholen wollen, noch waren sie lethargisch oder gar schüchtern.

Eine Impression von Ruhe und Frieden. Und da geschah es - sie sah mich an. Eine alte Schimmelstute schaute mir direkt in die Augen. Mir war und ist bis heute, als hätte mich die Göttin selber berührt. Ein Gesicht, ein Augenausdruck, die mehr als menschlich waren und die ich als mehr als weiblich empfinde - ein Blick in die Unendlichkeit - und vielleicht auch in die Seele. Ich habe diesen Anblick der alten weißen Stute, die in mich hineinsah, mich ansah, bis heute nicht verloren.

Ein Pferd mit Esprit

Der Geist des Pferdes ist der Ausdruck seiner Lebenskräfte, seines Lebensgefühls. Es gibt ihn in vielen Ausdrucksformen. Er ist schwer zu beschreiben, jedoch immer spürbar. Ein sehr altes Pferd, das in Langmut und Sanftheit Kindermädchen spielt für die ihm zugeordneten Reiter, kann ihn ebenso ausstrahlen wie ein Deckhengst, ein Beschäler, im Kreise seiner Stuten. Ein erfolgreiches Turnierpferd ebenso wie ein

Man kann "Geist" als Persönlichkeitsausdruck im Gesicht und im freien Körper sehen.

zufriedenes Pony hinter dem Haus. In der Anmut des Fohlens und Jungpferdes trifft man diesen Persönlichkeitsausdruck noch eher seltener. Er gestaltet sich, bekommt Gestalt mit der Entwicklung und Reifung des Pferdes und kann innerhalb dieser ersten Jahre auch schon gefördert oder erstickt werden.

Mit der Ausreifung und während der Ausbildung des Pferdes bis hinein in sein hohes Alter, kann ich eine Vision über die Entfaltung seiner Möglichkeiten im Persönlichkeitsausdruck oder Lebensgefühl haben, die ich über das Reiten oder den Umgang mit dem Pferd erfüllen will.

ES GIBT KEIN GUTES REITEN, WENN ES DEM REITER NICHT GELINGT, EINE MENTALE EINSTELLUNG, EINE EINFÜHLUNG, EINE BEZIEHUNG ZU FINDEN ZU SEELE, GEIST UND AUSSTRAHLUNG SEINES PFERDES.

Aus einem anderen Blickwinkel betrachtet gibt es damit auch nicht mehr den richtigen pferdegerechten Reitstil und die richtige Reitkultur, da dieser Persönlichkeitsausdruck in allen Variationen klassischer Reitkunst in vielen Kulturen anzutreffen ist, wenn gleichzeitig der Zusammenklang zwischen Pferd und Reiter harmonisch ist.

Holsteiner Stute mit "Geist". Wonderful Time von Landgraf mit einem Fohlen von Literat.

Shetlandpony Heidi- ein Kindermädchen mit "Geist"

Richtig und Falsch nicht über Normen und Maßstäbe festzulegen ist ein zentrales Anliegen bei Moshe Feldenkrais.

Was richtig ist oder falsch, entscheidet sich jeweils an den vor uns liegenden Situationen und Aufgaben. Diesen Aufgaben gegenüber verhalten wir uns im Idealfall angemessen, ohne besonderen Kräfteverlust über Reibung an anderen Interessen, jedoch immer im Einklang mit unserer Gefühlswelt, unseren Grenzen und Möglichkeiten. Dazu kommt die schöne Tatsache, daß wir im Feldenkraisgedankengut Fehler machen dürfen, um nicht zu sagen: sollen, damit wir lernen können. Wie langweilig ist ein Leben, in dem alles maßstabgerecht und "richtig" ist. Und wie befreiend kann es dann für Tier und Mensch sein, wenn der Focus auf der Nachfrage nach Wohlbefinden und Spaß liegt.

OB MEIN PFERD GEIST HAT, BEINHALTET JEDOCH NOTWENDIGERWEISE DIE FRAGE DANACH, IN WELCHER BEZIEHUNG MEIN PFERD ZU SEINEM "FREIEN" KÖRPER STEHT.

Mit der Frage, OB MEIN PFERD GEIST HAT, nehme ich eine Beziehung auf zu seinem Ausbildungsweg und entscheide damit die Dauer seiner Ausbildung. Beim niedergebrochenen Pferd bestimmen sein Interieur und sein Lebenswille die Möglichkeiten und Dauer seiner Rekonvaleszenz.

Ich erinnere ein Rennpferd in Maryland/USA, Enduring Present, einen amerikanischen Vollblüter. Er lief erfolgreich auf der Rennbahn, brach jedoch regelmäßig in einer Art epileptischer Krampfanfälle nieder, da er überdopt war. Die Tochter des Rennstallbesitzers kam mit ihm auf einen Centered Riding Kursus bei Sally Swift, in dem ich assistierte und gerade unterrichtete.

Er war ein wunderschöner, großer, langbeiniger Brauner mit großem und klugem Auge. Er zappelte ungefähr 20 Minuten durch die Reitstunde und brach dann zusammen. Er fiel hin, am ganzen Körper schweißnaß und zitternd, und stand nicht mehr auf.

Wir sattelten das liegende Pferd ab, und ich begann sofort, in dem Sinne einer Einzelbehandlung nach Moshe Feldenkrais (Funktionale Integration) und im Sinne der TTEAM-Methoden von Linda Tellington-Jones, das Pferd zu berühren, zu behandeln und zu bewegen, bis es nach ca. zwei Stunden vom Boden hochkam. (Linda Tellington Jones ist selber Feldenkraislehrerin. Der Ursprung der TTEAM-Methoden liegt im wesentlichen in der Feldenkraislehre.)

Zu dritt arbeiteten wir an Enduring Present die zwei darauffolgenden Tage und Nächte in zweistündigen Intervallen mit sanftester manueller Führung und heißen Packungen auf der Nierenpartie.

Am letzten Kurstag lief er in seiner Reitstunde mit - ruhig, gelassen und frei. Dieses Pferd hat uns alle berührt. Die ebenfalls anwesende Pferdemalerin Susan Harris hat ihn dann als Dank vom Pferd und von der Gruppe der teilnehmenden Reitlehrerinnen an mich gemalt und mir dieses Bild geschenkt.

Es ist im Buch - und viele der Photos sind dafür ausgewählt, um den Lesern Impressionen von Pferden zu ermöglichen, die Ausstrahlung haben, in der sie wild und sanft zugleich erscheinen, in der sie seelenvoll oder ehrgeizig oder immer ein Freund sein können, und auch gerade in der Unterscheidung vom Karrengaul auf den Bahamas, dessen Geist durch Mangelversorgung und sengende Sonne erloschen ist.

Deshalb bitte ich in meinen Reitkursen die Teilnehmer, darüber nachzudenken, ob ihr Pferd Geist hat. Ich lanciere damit eine mentale Einstellung zum Pferd, die über die lösende Arbeit hinaus einen tragfähigen Boden schafft, auf dem ein schönes, freies, lebendiges Reiten entstehen kann mit einem ausdrucksvollen Pferd, dem Selbstgänger, prahlend mit Klugheit, voll von lebensbejahender Energie.

Diese Familie aus Dartmoor repräsentiert den männlichen und weiblichen Geschlechtstyp.

WENN EIN PFERD GEIST HAT ...

- **hat es einen freien Körper.**
  a) Sein Rücken trägt die ihm zugewiesene Belastung.
  b) Sein Nervensystem ist belastbar und kann Reize aufnehmen und differenziert weiterleiten; seine Sinne sind entwickelt.
- **kann es gut hören,** ohne hyperakustisch auf viele Geräuschreize zu reagieren.
- **kann es gut sehen** und blockiert sich nicht selber durch Verspannung, die Augen zu benutzen.
- **kennt es seinen Körper** in einem schmerzfreien Zustand.
- **ist es klar in seiner Identität.**
  a) Es vertritt seinen männlichen oder weiblichen Geschlechtstyp. Beim Wallach ist es wichtig, ob seine Bindungsfähigkeit erhalten geblieben ist oder er sich wenigstens über den Kontakt zum Menschen eine Identität erhalten kann. Als Eunuche ist eine Entfaltung von Geist nur möglich, wenn seine Geschlechtsidentität, mindestens aber seine Bindungsfähigkeit, erhalten geblieben ist.
- **ist es sich seiner selbst bewußt; es ist selbstbewußt.**
  Es kennt sein Handicap und seine Stolpersteine und ordnet diese unter in seine freie Mitarbeit, in seinen guten Ehrgeiz und Erfolg, in seine gute Körperspannung.
- **fühlt es sich in seiner Umgebung wohl,** sicher und geborgen, also beschützt und unter Freunden, es steht in Kommunikation.
- **verträgt es sein Futter.**
- **entwickelt es Ausdrucksformen,** zeigt es dir, wie es geritten oder behandelt werden möchte.

Hat mein Pferd Geist

...auf den Bahamas: Mangelversorgung, sengende Sonne und Überbeanspruchung verhindern die Entfaltung von "Geist".

Wenn ein Pferd keinen Geist mehr hat ...

- macht es einen überwiegend ängstlichen Eindruck.
- macht es einen überwiegend müden Eindruck.
- macht es einen deprimierten Eindruck.
- ist es krank.
- ist es mangelversorgt, die energetische Grundversorgung über das Futter entspricht nicht dem Bedarf.
- ist es verwurmt oder mangelhaft entwickelt durch auch teilweise länger zurückliegende Überwurmung.
- ist es entsprechend den Anforderungen, die an es gestellt werden, nicht intelligent genug und daher chronisch überfordert. (Auch bei Pferden gibt es Lernbehinderte und Eliteschüler.)
- ist es vielleicht nur dauerhaft frustriert, da
  a) Pferd und Reiter nicht zusammenpassen,
  b) der Ausbildungsweg, den der Reiter vorschreibt, nicht angemessen ist für die Lernfähigkeit und/oder Belastbarkeit des Pferdes.
- ist es eventuell von seinen Exterieurmerkmalen und von seinem Grundgebäude her nicht geeignet
  a) überhaupt einen Reiter zu tragen
  b) bis 50 kg Gewicht
  c) bis 65 kg Gewicht
  d) bis 85 kg Gewicht
- ist es vom erhaltenswerten genetischen Erbe seiner Rasse her eher zu sehen als ein Kulturgut in Beziehung zu bestimmten Aufgaben.

Hat mein Pferd Angst?

Die Erfahrung von Angst ist eine existentzielle Not, unter der Pferde und Menschen sich unfrei, gebunden fühlen müssen. Sie verhindert die Entfaltung von Geist (spirit).

Sie ist ursächlich für viele chronisch auftretende körperliche und psychische Beschwerden. Hierzu sagt der Volksmund: "Die Angst ist uns in die Glieder gefahren." Der Wiener Arzt und Neurologe Dr. Victor Frankl hat sich in seiner spezifizierten Fachrichtung, der Logotherapie, ausführlich mit dem Phänomen Angst befaßt, da ein chronisches Verharren in einem Zustand von Angst jedes Lebewesen auf der Suche nach Sinn stört und eine Entwicklung von Geist verhindert.

Wir können die Erinnerung an eine angstmachende Situation in der Vergangenheit in unserer Muskelspannung, in unseren Bewegungsabläufen, dauerhaft abspeichern, so daß sie unser tägliches Verhalten in all seinen Schattierungen und Ausprägungen bestimmt.

Oder aber wir oder unsere Pferde leben

Die kleine Katrin auf dem Weg zum Dorffest. Aufregung und Besorgnis des kleines Mädchens spiegeln sich in der angespannten Beugemuskulatur wider.

Dieses Pferd hat Angst.

inmitten von ständig furchteinflößenden Begleitumständen, die wir oder unsere Pferde nicht als bedrohlich einwirkend identifizieren und daher nicht verändern.

Im biologischen Sinne ist die Angst eine Rückmeldung vor Gefahr. Ein Instinkt, der das Überleben der Arten sichert. Sie hat daher eine natürliche positive Qualität und gehört als wesentliche emotionale Äußerung zu unserem Leben wie zum Leben unserer Pferde.

Wenn Angst jedoch die Entwicklungsfähigkeit im Leben behindert, stehen Veränderungen an. Das gilt für uns Reiter ebenso wie für unsere Pferde.

Manchmal ensteht Angstbereitschaft aus einer traumatisierenden, auslösenden Situation. Dieses Trauma kann auch schon auf vorgeburtliche Erfahrung zurückgehen, wenn beispielsweise jemand schwanger in einen Autounfall verwickelt war. Manche Ängste sind nicht bewußt. Sie somatisieren sich, äußern sich also auf organische Weise.

Dazu gehören erhebliche Kreislaufschwächen, Atemnot und Asthma genauso häufig wie Nebennierenstörungen, Überfunktionen der Schilddrüse, Magnesiummangel.

Manche Angstbereitschaft ist die Äußerung einer latenten Ich-Schwäche, die jemand nicht selbstsicher abwenden konnte. Wenn man als Kind (auch schon im Mutterleib) nicht erwünscht oder - auf Pferde übertragen - als Saugfohlen von der Mutterstute abgeschlagen wurde.

Ich-Schwäche entsteht auch, wenn ständig unangemessen am eigenen Grad und der persönlichen Richtung der Reife herumkritisiert oder korrigiert wird. Später lernt man dann, sich auf diese Weise selbst zu betrachten, so daß wir dann im positiven Sinn gar nicht wissen, daß wir auch in vollem Vertrauen auf uns selbst handeln können.

Daraus ergeben sich natürlich Rückschlüsse sowohl für den Beritt des Pferdes als auch für die Ausbildung des Reiters. Es gibt eine Erwartungsangst, aus der das Symptom Angst erst herbeizitiert wird. Diese Angst entsteht dann nicht aus der Situation, sondern im Kopf. Gedanken als Mächte und die an sie gebundenen Körpermuster beeinflussen uns autosuggestiv sowohl positiv als auch negativ. Wir warten darauf, daß sich etwas wiederholt, was einmal in einer Grenzsituation geschehen ist. Erwartungsangst ist keine so sehr imponierende Erscheinung mehr, wenn wir sie als solche durchschauen.

Korrektur und Ausbildung eines angstvollen Pferdes gestalten sich erheblich angemessener, wenn wir Angst selber gefühlt und kennengelernt haben und sie in ihren Ausprägungen unterscheiden können.

Ohne eine Berührung mit der eigenen Angst kann ich weder dem Pferd noch dem Reitschüler oder Mitreiter in deren Ängsten adäquat begegnen.

DER FELDENKRAISANSATZ IM UMGANG MIT DER ANGST IST ZUM EINEN EINE AKZEPTANZ DER ANGST.

DER FELDENKRAISGEDANKE IM UMGANG MIT DER ANGST HEISST, GRENZEN UND MÖGLICHKEITEN SPÜREN UND ABWÄGEN KÖNNEN UND DANN IN NEUGIER UND AUFMERKSAMKEIT IMMER WIEDER NEUE ANGEMESSENE ENTSCHEIDUNGEN ZU TREFFEN.

Moshe Feldenkrais beschreibt in seinem Buch Body and nature Behaviour, wie sich alle Angst beim Menschen in einer Anspannung der Beugemuskulatur reflektorisch umsetzt. Und daß die Angst vor dem Fallen ein Erbe ist, das in uralten Zeiten das Überleben gesichert hat. Intelligente Aktion besteht dann daraus, Angst zu identifizieren, zu isolieren, zu erkennen und zu integrieren, um Reflexe zu überwinden und sich angemessen verhalten zu können.

Angst ist etwas, was wir nicht sind, sondern was bei uns ist. Wir können uns dazu verhalten. Für die Entwicklung von freiem Körper für die Entfaltung von Geist ist die Identifikation von Angst von größter Bedeutung. Das gilt sowohl für die Erziehung der Pferde als auch die der Reiter.

Daher sind wir meiner Auffassung nach sowohl als Reitlehrerinnen, als Reiterfreunde und als Reiter unserer eigenen Pferde in der Pflicht, Ängste nicht unmittelbar zu erzeugen oder zu stimulieren. Weder für die Reiter noch für die Pferde. Wir dürfen nicht jemanden - den Reiter oder unser Mitlebewesen Pferd - in die "Starre" dirigieren. Denn wir sind doch eigentlich zusammengekommen, um uns lebendiger zu fühlen.

"Reiß dich zusammen!"
"Stell dich nicht so an!"
"Nach 100 Reitstunden muß man galoppieren können!"
"Wer nicht heruntergefallen ist, der ist kein Reiter!"
"Der Bock muß da durch!"

MERKE: IM FELDENKRAISDENKEN SETZT DER UMGANG MIT DER ANGST EIN UMFELD DER GEBORGENHEIT VORAUS. WIR GEBEN DEM PFERD, MIT DEM WIR ARBEITEN, EIN SICHERES GEFÜHL, SICH IN NEUGIERIGER, VERTRAUENSVOLLER UND FREIWILLIGER MITARBEIT ZU SEINEN SCHON VORHER AUFGEBAUTEN ÄNGSTEN NEU EINZUSTELLEN UND SEINE GRENZEN UND MÖGLICHKEITEN ZU ERFAHREN. WIR TRAINIEREN NICHT ÜBER ANGST.

Dasselbe Prinzip gilt als Grundbedingung allen Lernfortschritts auch für den Reiter.

Letztendlich werden unsere Pferde dann auch gegenüber Zuschauern, Beobachtern nicht mehr wirken wie Sportgeräte oder ein Kinderersatz. "Das arme Pferd" oder ein Pferd, das "arm" wirkt auf den neutralen Zuschauer, ist dann selten anzutreffen. Das lebendige über alles erhabene Gefühl von Schwingen, Energien in guter Spannung, kann sich ausstrahlen, jeden Betrachter mitreißen.

DAS UNMÖGLICHE WIRD MÖGLICH

Über das Erkennen der inneren Lebensräume, Lern- und Leistungsbedingungen der Pferde und den Zusammenhang mit innerer Not und Angst bekommt der Reiter wiederholt angebotene Chancen, den Zusammenhang von Haltung und Lebenshaltung zu spüren, zu erkennen und daraus Schlüsse und Folgerungen für sein eigenes Leben zu ziehen.

Hat es Sie jemals gewundert, warum die Kluft so tief ist zwischen Erfahrungen, die ein Reitschüler in vielen konventionellen oder auch freiheitlicheren Unterrichtsformen macht und der Vision von einem zu Pferde geborenen, mit dem Pferde verwachsenen Menschen?

Und vom Auge des Betrachters her gesehen - haben Sie nicht schon häufig Einschätzungen über ReiterInnen gehört, die etwas abschätzig waren?

"Sonntagsreiter" heißt jemand, der sich keine Mühe gibt und kein Einfühlungsvermögen zeigt für Pferd, Mitreiter, Spaziergänger, Reitlehrer. Da gibt es Reiter, die auf Außenstehende verhärmt, verhärtet wirken, karg mit Worten, dabei eher unfreundlich im Ton, jedoch mit dem Freund Pferd in bestem Einvernehmen stehen. Reiter werden von anderen Freizeitsportlern häufig als unsportlich eingestuft; "sie lassen sich spazierentragen". Dann gibt es die immer wieder belächelten Tüteler, die mit ihrer Haltung irgendwo zwischen ängstlich und wagemutig um ihr Pferd herumsurren, Möhrentüte und Leckerli jederzeit bereithalten.

Alle Zivilisationskrankheiten, die wir Menschen uns selbst antun, (er)trägt auch das Pferd. Von Allergien über die Atemnot, Rheuma- und Gelenkschmerzen bis zur ewigen Klage über den Rücken.

Die durchschnittliche Lebensdauer des Pferdes ist zu niedrig gegenüber der Lebenserwartung, die seine Art hat. Es gibt eindeutig zuwenig Pferde, die über 20 Jahre alt sind und somit trotz der Reiterei alt werden durften.

Dadurch entsteht ein Boden für folgende Argumente - etwa: Pferde stehen am liebsten auf der Wiese und wollen gar nicht geritten werden! Pferde wollen nicht Dressur gehen oder gar springen! Das Pferd wäre am liebsten ein Wildpferd geblieben! Ein Pferd zu spornieren oder mit der Gerte zu touchieren ist Tierquälerei!

An all diesen Vorstellungen und Bildern ist ein Körnchen Wahrheit, und gegen das Pferd gerichtete Auswüchse von Übermaß, Unverstand und Lieblosigkeit sind natürlich weit verbreitet und kommen auch in unserer allernächster Umgebung vor.

Ich bin mit Pferden aufgewachsen, habe sehr sportlich trainiert und zu anderen Zeiten korrektiv geritten (die Pferde anderer Reiter neu belehrt), habe freizeitreiterlich um den Baum herum geritten, unter dem währenddessen meine kleine Tochter im Kinderwagen lag und ihren Mittagsschlaf hielt, und ab und zu reite ich ausschließlich zu dem Zweck meiner persönlichen Freude, Entspannung und Erholung.

Ich bin der tiefen Überzeugung, daß Pferde gerne geritten werden, unter schönen Bedingungen auch mal gerne im Stall stehen und nicht nur auf der Weide. Ich glaube fest daran, daß die Freundschaft zwischen Pferden und Menschen schon genetisch angelegt und verwurzelt ist und Pferde daher Sinnerfüllung suchen wie der Mensch auch, über Leistung, Erfolgserlebnisse und für Kommunikation und Geborgenheit über sich hinaus streben zur Entfaltung von freiem Körper, Lebendigkeit und Geist.

Was macht also im Auge des Betrachters das Pferd zur armen Kreatur und den Reiter zum *bedürftigen Ignoranten*? Gegendarstellung: In vielen Epochen hat es die bewunderten Reiter gegeben. Ihre besondere Verbindung zu Pferden und ihre Art zu reiten verlieh ihnen Kräfte, Macht, Ausstrahlung, Lebendigkeit!

Ob es Tempelritter waren, hochstehende Indianerkulturen oder die Kavallerie - sie alle werden mit Respekt beschrieben ob ihrer Verbindung zu Pferden und ihrer jeweiligen Reitkultur, die schon vom Altertum her folgerichtig dann auch Reitkunst genannt wird.

Horsemanship ist ein kaum übersetzbarer Begriff - die Beschreibung einer Haltung dem Pferd und den Reitern gegenüber. Sie zeugt von Respekt, bewußter Aufmerksamkeit unter Berücksichtigung natürlich bedingter Spielregeln bei gleichzeitig größter Kenntnis und verinnerlichter Erfahrung.

Horsemanship ist eine Haltung, die auch den Betrachter berührt, der von der Verbindung zu Pferden bis dahin nichts ahnt.

Auch derzeit gibt es vielbewunderte große Pferdeleute: Linda Tellington-Jones ist sicherlich eine der größten Pferdefrauen aller Zeiten und muß sich immer wieder vom Stigma befreien, eine Heilerin zu sein. Gleichsam als wären ihr von außerhalb Kräfte verliehen.

Im Feldenkraisdenken hat sie gelernt, von innen heraus sowohl ihre Erbanlagen zu nutzen (beide Großväter waren berühmte Pferdeleute) als auch über erlernte Angewohnheiten und gewohntermaßen eingeübte Regeln im Umgang mit Pferden hinaus innovativ und kreativ zu denken und sich

Linda Telligton-Jones - eine Feldenkraislehrerin und berühmte Pferdefrau.

aus einem freien Körper heraus ganzheitlich und lebendig einzusetzen - beim Umgang mit Pferden, bei ihrer Behandlung und Schulung vom Boden aus (TTEAM-Methoden).

Oder Rolf Becher, Begründer und Herz der Chiron-Springschule, die es sich zur Aufgabe gemacht hat, die Lehren des Italieners Caprilli zu bewahren und zu tradieren.

Und ein Oberst von Ziegner in seinem heimatlichen Stall in Mechtersen, dem es zwischen seinen USA-Lehrgängen über die BASICS - die wahren Grundlagen der Reitkunst - in aller Stille mit einem verschmitzten Lächeln im Gesicht gelingt, Pferde zur Grand-Prix-Reife heranzubilden, darunter einen durch einen Unfall schwer geschädigten Trakehner Hengst, dessen Rekonvaleszenz nur unter Aufbietung feinster reiterlicher Qualitäten, gekoppelt mit geistiger Arbeit über die Entwicklung von Lernen in einem freien Körper, möglich wurde.

Da wären noch viele berühmte Namen zu nennen, sei es eine Nicole Uphoff oder ein Fredy Knie. Aber auch viele namenlose Reiter stehen mit ihren Pferden in dieser Verbindung, die den Betrachtern einen Eindruck von Intelligenz vermittelt, Charisma und Freundschaft. Ich habe dieses bei einem Cowboy in Colorado ebenso erlebt, wie bei einem Springreiter in Norddeutschland oder bei einem alten Trakehnerzüchter und Hengsthalter in Laboe.

Sie alle haben und hatten unterschiedliche Methoden und Reitstile, die sie erfolgreich anwenden und damit sich und ihre Pferde bei bester Laune und bester Gesundheit halten. Gemeinsam haben sie alle den Zugang zu ihrem freien Körper und zu dem Potential in ihrem Lernen.

Vom Feldenkraisdenken her gibt es dann nicht mehr die richtige oder falsche Methode, um Pferde und Reiter auszubilden.

Losgelassenheit entsteht unter Berücksichtigung von Angst und Müdigkeit.

Das Unmögliche wird möglich ...

- wenn Sie sich als Reiter nicht resignativ zuordnen oder sogar vom Reitlehrer, Betrachter oder anderen herabwertend zuordnen lassen zur Gruppe der bedürftigen Ignoranten im Umgang mit dem Pferd.
- ... wenn Sie nicht in trotziger Blockiertheit und todesmutiger Seelenverachtung übend, sich radikal zuordnen zu den guten Reitern, ohne hinzusehen, an welchen Pferden oder Reitschülern in ihrem Wirkungskreis tatsächlich Lernfortschritt, Lebensfreude und ein freier Körper wahr wurden.
- ... wenn Sie große Reitmeister nicht mehr kopieren wollen, sondern anfangen, sich selber zuzutrauen, differenzierte Aufgabenstellungen zu meistern über die Entwicklung von ihrem Lernen in ihrem freien Körper in der Methode, die Ihnen am meisten liegt.

Das Unmögliche wird weiterhin möglich ...

wenn Sie als Voraussetzung aller Losgelassenheit bei Pferd und Reiter, sozusagen als Basis allen Lernens

- ... eine Akzeptanz der Angst entwickeln, einen angstfreien Zugang zu den verschiedenen Aspekten von Angst beim Pferd und beim Reitschüler
- ... wenn Sie Müdigkeit identifizieren, erkennen und annehmen können als grundsätzliches Hindernis zur Entfaltung von freiem Körper und 'Geist', sowohl beim Pferd als auch beim Reiter, als Signal, sich und dem Pferd ein wenig mehr Zeit zu lassen.

Im Feldenkraisansatz wird als Vorbedingung für Lernen ein Raum geschaffen, in dem man sich in Ruhe und Abgeschirmtheit (Er-)Kenntnisse verschaffen kann und Erfahrungen über seine eigene Grundbalance - sowohl funktional als auch emotional.

Dadurch hat man auch Zeit und Raum, Müdigkeit und Ängste zu erkennen und zu berücksichtigen für Tempo und Richtung von Lernfortschritt und Entfaltung von Geist.

In den meisten Reitlehren, Pferdeausbildungen oder Reitstunden werden solche Erkenntnisse über die Bedeutung von Angst oder Müdigkeit für den Lernfortschritt von Pferd oder Reiter nicht vorausgesetzt zum Erreichen von Losgelassenheit und/oder Takt - den Grundlagen allen Reitens.

Im Gegenteil werden beim Training von Pferd und Reiter häufig Ängste und Müdigkeit erzeugt. Ein mangelndes oder mangelhaftes, undurchschaubares Konzept zum Umgang mit Sicherheitsaspekten koppelt sich häufig mit Monotonie im Trainingsalltag. Manchmal wird ein lang andauerndes hohes Tempo vorgegeben, dabei Steifheiten von Pferd und Reiter in Lektionen oder Formen gezwängt.

Das Unmögliche wird erst möglich ...

... wenn wir Grundkenntnisse über Gleichgewicht an Pferd und Reiter heranlassen unter Toleranz und Bearbeitung der Entfaltungsbarrieren Angst oder Müdigkeit.

ART DER ANGST	AUSDRUCK DER ANGST	BEGEGNUNG MIT DER ANGST
1. Angst durch ein Trauma: - Autounfall, bei dem das Pferd verletzt wurde oder - schmerzhafte Verletzung oder Prellung im Springparcours oder in morastigem Boden	Das Pferd scheut energisch in den entsprechenden Situationen, macht dabei einen panischen Eindruck und ist sehr widersetzlich. Es wird hart und starr im Körper, stellt beide Ohren nach vorne und hält den Atem an, mit der Tendenz durchzugehen, von der Gefahr weg.	- Akzeptanz der Angst - Heranführen an die entsprechende Situation unter leichteren Bedingungen, z.B. Bodenarbeit und Körperarbeit nach LTJ unter Einbeziehung eines Autos oder auf einem Springparcours - Reiten mit Übungen zur Losgelassenheit und zum Gehorsam im Grenzbereich des Angsttraumas, dabei das Pferd seitlich am angstauslösenden Gegenstand vorbeireiten und in die Gegenrichtung einstellen, also gerade nicht hinschauen lassen. Dabei als Reiter Dominanz zeigen.
2. Organische Angst: - mancher chronische Husten - viele häufiger auftauchende Koliken - viele Stoffwechselstörungen - Magnesiummangel - Allergien und Hautschwächen - Über- oder Unterfunktion der Schilddrüse	- durchweg schlechte Atemtechnik der Pferde beim Reiten - eine schwache Haut mit verschiedenen Schattierungen - die Pferde sind häufig hüftig mit eingezogenen Flanken - organische Angst paart sich oft mit Heftigkeit oder Müdigkeit, Hektik oder Mattheit des Pferdes	-Ich empfehle die Unterstützung des Pferdes mit klassisch homöopathischen Mitteln, die in der Indikation Kummer oder Angst des Pferdes mit berücksichtigen, gegebenenfalls auch Aufbau des Pferdes durch einen Tierarzt. -Überprüfung der Haltungsbedingungen - Aussetzen der normalen Situation mit mindestens einem halben Jahr Weidegang unter schützenden Bedingungen (passende Zusammensetzung der Weidegruppe, Schutzhütte, evtl. Zufutter) - 14 Tage bis 3 Wochen aussetzen mit dem Training und Behandlung des Pferdes mit Boden- und Körperarbeit nach LTJ unter Einbeziehung des passenden Transfers zum Reiten
3. Angst als Ich-Schwäche: - Fohlen, die von der eigenen Mutter abgeschlagen wurden - Pferde, die in ihrer Weidegruppe immer zum Außenseiter, zum Sündenbock, zum Rangniedrigsten abgestempelt wurden - Ich-Schwäche entsteht auch durch ständig unangemessene Korrektur im Training und falschen Trainigsaufbau.	- ein unstetes, unsicheres Auge - ein Ausweichen vor anatomisch und intellektuell möglichen Leistungsanforderungen, eine schlechte Atemtechnik, Verhärtungen im Körper, z. B. angespannt gehaltene Ohren, ein festes Kinn, Berührungsangst im Genick etc.	- neue Zusammensetzung der Laufstall- oder Weidegruppe - Körpererfahrungen und Erfolgserlebnisse über die TTEAM-Methoden - eine Periode unterfordernden, nicht ehrgeizigen Reitens, z.B. mit Kindern oder nicht ehrgeizigen, aber körperbewußt orientierten "Freizeitreitern" - langsamer Trainingsaufbau unter besonderer Berücksichtigung von körperlicher und mentaler Losgelassenheit und dem Vermitteln von Erfolgserlebnissen; Heranführen und Zeigen von vielen schwierigen Situationen

ART DER ANGST	AUSDRUCK DER ANGST	BEGEGNUNG MIT DER ANGST
4. Erwartungsangst: - das Pferd wiederholt in Gedanken ein traumatisierendes Erlebnis; es nimmt diese Situation autosuggestiv vorbeugend vorweg. - Erwartungsangst ist auch häufig Übertragung vom Reiter auf das Pferd.	- das Pferd ist flatterig und schreckhaft, lernbehindert zu immer denselben wiederkehrenden Situationen	- Der Erwartungsangst begegnen wir mit allen Situationen, in denen es uns Reitern gelingt, Erdung, Atmung und Gelassenheit zu bewahren sowie das sichere Gefühl für eine klare Dominanz zu vermitteln. Das kann Boden- und Körperarbeit nach LTJ sein, K.F.Hempfling etc. Beim Reiten ist ein Zeigen der angstauslösenden Situation weniger sinnvoll als ein Trainieren über Gehorsam und Rittigkeit. Pferde mit Erwartungsangst sollten nicht von ängstlichen Reitern geritten werden.
5. Angst als Überlebensfunktion, als wichtige Emotion: - das Pferd scheut nur, weil es die Situation nicht kennt, darin nicht eingeübt ist, sie nicht identifizieren kann, z.B., wenn ein Mähdrescher auf Sie zugerast kommt.	Leichtes Scheuen nur in Situationen vermeintlicher Gefahr; gebanntes Hinschauen auf die Gefahr	- Akzeptanz der Angst - kontrollierende Hilfengebung, jedoch Herausreiten aus der angstauslösenden Situation - Verständnis zeigen
6. Grundangst - vor dem Tod, vor dem Nichts etc. a) entsteht bei manchen Pferden in für den Reiter nicht nachzuvollziehenden Situationen, z.B. in der Reithalle zwischen anderen Pferden	a) Panikstarre - das Pferd steht wie ein Standbild mit aufgerissenen Augen - der Reiter fühlt sich wie auf einer Bombe sitzend, die gleich explodiert.	a) ruhig auf dem Pferd sitzen bleiben, zentriert und gelassen in der Atmung bleiben; die eigene mentale Einstellung bewußt lenken und mentale Ruhepunkte vorgeben. Zu dem Pferd sprechen oder sich mit anderen Menschen unterhalten. Körperarbeit und Berührung nach M. Feldenkrais und Linda Tellington-Jones (TTEAM-Methode) vom Pferd aus und durchaus mit mehreren Menschen vom Boden aus, um das Körpergefühl zurückzugeben.
b) Gelähmt vor Angst, habe ich erlebt bei Pferden, die im Wasser kurzfristig den Boden verloren, den Kopf einmal unter Wasser getaucht hatten, deren Gleichgewichtsgefühl dann gestört war und die sich einfach aufgaben.	b) Angstlähmung, d.h., das Tier wird apathisch, schwach, fast ohnmächtig.	b) Sofort absitzen, Sattelzeug lösen, den Tierarzt rufen, den Kreislauf des Pferdes stabilisieren über intensive Reibung und Behandlung an den Ohren bis über die Ohrenspitzen hinaus (TTEAM-Methoden). - den ganzen Pferdekörper mit den Händen oder einem Strohwisch kontinuierlich abreiben.

Woran erkenne ich, ob mein Pferd Angst hat?

- die Ohren sind schon im Ansatz angespannt, vor- oder zurückgelegt
- es ist steif in den Gelenken, sprungbereit
- die Augen sind weit aufgerissen
- es zeigt einen weißen Rand um die Augen
- es hat in den Augen einen mäuschenhaften, ängstlichen Ausdruck
- es hat weit aufgeblähte oder zu schmalen Schlitzen verengte Nüstern
- es hat eingezogene Flanken
- es hat eine schlechte Atemtechnik, d. h., nach kurzer Zeit pustet es heftig oder hüstelt beim Reiten (stößt an)
- es trägt seine Schweifrübe schief, übererregt hoch oder eingeklemmt
- es ist kopfscheu und berührungsängstlich, insbesondere im Genick
- es entwickelt Hektik, geht oft über Tempo
- es trägt seinen Kopf hoch
- es ist fest im Rücken
- rufendes Wiehern beim Reiten
- Fluchttendenzen/Scheuen
- Schwitzen
- Zittern
- Aggressivität, z.B. beim Longieren
- nervöses Schnauben
- häufiges Äppeln
- ein ängstliches Pferd geht in seiner Überspannung in einen harten, starren Körper
- es somatisiert seine Angst über chronischen Husten, Kolikanfälligkeit, Koppen, Dauerdurchfall, Rheuma etc.

Woran erkenne ich, ob der Reiter Angst hat?

- der Reiter nimmt zu den an ihn oder sie gestellten Anforderungen wie folgt Stellung, z.B.:
- nee, lieber nicht
- das nächste Mal
- mein Pferd kann das nicht
- ich habe keine Lust mehr

oder er geht in die Dauerdiskussion

Im körperlichen Erscheinungsbild zeigt der Reiter/die Reiterin in angstauslösenden Situationen z.B.:
- einen harten, starren Augenausdruck
- Blässe
- ein Anklammern an das Pferd
- eine Zügelführung nach rückwärts
- eine hohe Körperspannung, verkrampft an Armen und Händen bzw. auch im restlichen Körper
- ein untergeschobenes, verkrampftes Becken
- eine unkoordinierte Atemtechnik, z.B. Seitenstiche
- hochgezogene Schultern
- ein abgesenktes Brustbein (eine eingefallene Brust)
- eine hohe und dünne Stimme (Stimmlage)
- Hektik
- Tendenz zur Selbstüberforderung und übergroßem Mut

Nach Feldenkrais besteht die erste Reaktion auf einen angstauslösenden Reiz aus einer heftigen Kontraktion aller Beugemuskeln, vor allem in der Bauchregion (M. Feldenkrais, "Der Weg zum reifen Selbst").

Die Angst des Reiters läßt sich auch in der Skala der verschiedenen Angstformen des Pferdes einordnen.

Zusätzlich und typisch menschlich ist die Ergänzung zu zwanghaften Angstformen hin. Angst, sich schuldig zu machen, Angst, sich zu blamieren, Angst, zu versagen.

Diese Ängste können sich auch in Aggression gegenüber den Pferden ausdrücken. Sie rühren her aus der Lebensgeschichte des Menschen und können nur teilweise in der Reitstunde bearbeitet werden.

WORAN ERKENNE ICH BEIM PFERD MÜDIGKEIT?

- es stolpert häufiger
- es gähnt ab und zu
- es knirscht mit den Zähnen
- es hat einen schwunglosen Gang
- es ist triebig
- es leistet sich Widersetzlichkeiten
- es schwitzt gegebenenfalls
- es greift sich mit den Hinterhufen in die Vordereisendes macht Schlauchgeräusche
- es fällt leicht auseinander
- es ist nicht mehr aufnahmefähig
- es schlägt mit dem Kopf
- es stützt sich auf dem Gebiß ab
- sein Hals wird zum Brett(hals)
- sein Rücken wird matt und senkt sich ab
- es frißt schlecht

WORAN ERKENNE ICH BEIM PFERD EINE CHRONISCHE MÜDIGKEIT, EINE DEPRESSIVE, SCHWERMÜTIGE LEBENSEINSTELLUNG?

- das Pferd ist dann sehr müde und glanzlos in den Augen
- sein Fell ist stumpf
- es schlurft
- sein Gang ist schleppend
- seine Bewegungen sind gebunden
- es ist relativ teilnahmslos zu seiner Umwelt

Woran erkenne ich beim Reiter Müdigkeit?

- seine Haltungsschwächen verstärken sich
- sein Sitz ist nicht mehr tief im Pferd
- er/sie hat eine unruhige Hand
- er/sie wird ungeduldig
- er/sie hat keine Lust mehr
- seine Reaktionen sind verzögert
- er/sie wirkt verkrampft

Woran erkenne ich beim Reiter chronische Müdigkeit, eine depressive, schwermütige Lebenseinstellung?

- der Reiter ist müde im Augenausdruck - verhangen, trüb
- oft kraftlos in der Haartextur
- eventuell schleppend in den Bewegungen
- in der Sprachfindung höre ich beim chronisch müden Reiter z.B. "es ist alles zwecklos ..."
- eine in der Grundtönung ängstliche Haltung kann von einer chronischen Müdigkeit herrühren

PACING AND LEADING

DIE BEDEUTUNG DER UNTERSCHEIDUNG ZWISCHEN PASSIV-NEUTRALER POSITION UND DEM AUFBAU DES ATHLETEN

Immense Lernfortschritte zu ermöglichen ist das Ziel dieses Buches. Im folgenden werde ich Unterschiede für Unterrichtsmethodik und -didaktik aufzeigen, die Ihnen Lernfortschritte ermöglichen werden: Damit auch für Sie über Ihre ganz persönlichen Lernblockaden hinaus "das Unmögliche möglich werden kann, das Schwierige leicht und das Leichte angenehm".

Haben Sie sich bei Ihrer reiterlichen Grundausbildung schon jemals auf Variierungen passiv-neutraler Positionen einlassen dürfen?

Und Sie - Bahn- und Hallenreiter, Turnierreiter leichter Disziplinen, Freizeitreiter mit keinem Pferd und gehobenem Anspruch - haben Sie die Chance bekommen, Trainingspläne zu erarbeiten oder auch nur zu begreifen für den athletischen Aufbau von Pferd und Reiter, zudem individuell erarbeitet und überprüft in der Trainingssupervision?

Dann möchte ich Ihnen gratulieren und hoffe, daß Sie aus diesem Fundus auch anleiten und unterrichten.

Sehr viel wahrscheinlicher ist, daß Sie sowohl als Reitschüler als auch in der Position des Lehrers dauernd aktiv sein müssen - etwas tun müssen.

Das fängt beim Anfänger an der Longe an. Er muß an seinem Grundsitz arbeiten, von Anfang an. Schon darin ist er also aktiv. Die Vorgaben für den Grundsitz sind dann jeweils unterschiedlich, je nach den vorgegebenen Reitkulturen und den Vorstellungen, die der Reitlehrer hat.

Im nächsten Schritt müssen Sie dann halbaktiv - obwohl noch nicht im Sitz gefestigt - für Ihre Sicherheit sorgen. Denn häufig sind Longenpferde für Anfänger gar nicht das Familiensofa, das Kindermädchen mit Geist, dem Sie sich und Ihr Sitzgefühl erst einmal in Ruhe anvertrauen können.

Häufig werden im Schulbetrieb Berittpferde als Longenpferde eingesetzt, die an diesem Tag gearbeitet werden müssen - oder Schulpferde, die längere Zeit gestanden haben und wieder antrainiert werden. So fühlt sich der Anfänger mit seinem planlosen, ungefestigten Sitz dann wie auf einem Vulkan kurz vor dem Ausbruch, und er wird - mehr oder weniger verzweifelt - irgend etwas unternehmen wollen, um sich zu sichern. Die Anleitung lautet dann meistens, sich "tief in den Sattel hineinzuziehen bzw. die Beine zuzumachen."

"NICHT NACH VORNE FALLEN !"

Sind Sie dann etwas geübter, geht alles Streben und Trachten von Lehrer und Schüler dahin, daß Sie Ihr Pferd
a) in Tempo und Richtung dominieren und
b) unbedingt und - oft in erster Priorität - an den Zügel stellen können.

Wiederum halbaktiv, ohne ausreichende Kenntnis und ohne die angstrebte Form vorgefühlt zu haben, werden Sie hochaktiv in Ihren Gliedern beziehungsweise Extremitäten, ziellos und unabgestimmt mit der Ihnen ansonsten verfügbaren Feinmotorik, die Ihnen vergeht unter den Anleitungen. "Schließ die Fäuste!" "Durchhalten!", "Den äußeren Zügel anstehen lassen!", "Schieben; schieben; gegensitzen!", "Mit dem inneren Zügel einstellen und außen halbe Paraden geben!"

Sehen Sie selbst, wie beschäftigt Sie sind? Jetzt sind Sie schon ein mittelschwer fortgeschrittener Reiter - aber wann in Ihrem Unterrichtsaufbau hatten Sie Zeit, auf dem Pferd anzukommen! Einfach da zu sein?

IMMER WURDE VON IHNEN EINE HALBAKTIVE LEISTUNG ERWARTET - MAN KÖNNTE ES AUCH EINE ÜBERFORDERUNG NENNEN.

... relativ wenig Menschen haben das Glück, mit Pferden aufzuwachsen.

Pacing und Leading

Die Grundlage dieser Methodik ist zum Teil in der militärischen Tradition zu suchen. Sportliche, athletische Menschen mit besonderer Eignung zum Reiten lebten mit ihren Pferden. Und jedes Training war von Wiederholung bestimmt, vom Einschleifen von Bewegungsmustern. Nicht zu vergleichen mit dem Hobbyreiter heute, der seine karge Freizeit auf dem Pferd verbringt.

Zum anderen gibt es heute eben viel weniger Menschen als früher, die mit Pferden aufwachsen. Sie in ihrem Verhalten und Bewegungsablauf beobachten können, ihre personality kennen, die bei ihnen sein können, mit ihnen gehen können und am Stall und auf der Weide auf ihnen sein können.

All dieses wird jedoch offensichtlich in der traditionellen Unterrichtsdidaktik vorausgesetzt. Es werden keine neuen Freiräume und Vorgaben gemacht, die dieses fehlende Zusammenwachsen mit den Pferden in der Kindheit ersetzen. Wir sind mit einem Ball, einem Auto, einem Kugelschreiber viel vertrauter als mit einem Pferd. Wenn wir uns das klarmachen, kann man sich nur wundern, warum und wie leichtfertig sich immer wieder Menschen zu so riskanten Unternehmungen mit Pferden aufmachen wie zum Beispiel zum Turnierreiten, zur Dressur oder dem Springen, zu Ausritten oder Kutschfahrten. Und da wundert es nicht, daß Reiten zu den risikoreichsten Sportarten gehört, mit den meisten Verletzungen mit tödlichem Ausgang.

Freizeitreiterzentren mit den Leichten Reitweisen, allen voran die Bruns-Behr-Methode, haben da einen intelligenten Kon-

Sich einzulassen auf die passiv-neutrale Position beim Reiten ist schwierig.

trast geschaffen. Bei artgerecht, im Offenstall und Herdenverband gehaltenen Pferden (die allesamt keinen überhaften Eindruck machen) gibt es Konzepte für Sitz und Einwirkung des Reiters in wenigen Unterrichtseinheiten. Und anschließend sind die zwei, nämlich Pferd und Reiter, in der Lage, zusammen auszureiten, ohne sich gegenseitig zu gefährden oder sich physisch oder psychisch zu verschleißen. Das ist ein wesentlicher Verdienst dieser Methoden, nebst dazu neu eingeführter Zäumungen und Sättel. So kann es gehen, insbesondere auf dem entsprechend ausgesuchten und mental eingestellten Freizeitpferd. Unter so einem verstehe ich hier mal ein fürs Ausreiten besonders veranlagtes Pferd wie das Fjordpferd, ein Quarterhorse im Stocktype sowie alle verwandten Arten und Rassen. Für manche ist diese Methode endgültig

Pacing und Leading

FELDENKRAIS UND REITEN, zwischen PACING UND LEADING, zwischen der passiv-neutralen Haltung beim Reiten und dem aktiven Aufbau des Athleten.

Diese Unterscheidung wird so viel Unterschied machen, wie Sie ihr Raum geben beim Lesen und sie nachwirken lassen, entsprechend, wie ich ihr Raum gebe beim Schreiben dieser modernen Reitlehre.

Sich einzulassen auf die passiv-neutrale Haltung wird Ihr Reiten verändern, Ihnen das Unmögliche möglich machen. Sich dann erst obendrein und zusätzlich einzustellen und entscheiden zu können für den aktiven Aufbau des Athleten in sich und in Ihrem Pferd in verschiedenen Schwierigkeitsgraden, wird Ihnen Lernfortschritte verschaffen und helfen, "das Unmögliche möglich zu machen, das Schwierige leicht und das Leichte angenehm." Sie werden Ihrem Pferd das Leben unter dem Sattel verlängern und beide viel mehr Lust und Freude beim Reiten fühlen.

Pacing beim Reiten heißt, Dasein, Ankommen, Verstehen durch Beobachten, unauffällig dabei sein.

und allgültig, da sie sich mit ihrem Anspruch an das Reiten deckt. Für den avisierten Lernfortschritt in immer weitere Verfeinerungen, für die Entwicklung von echter Dominanz in vorkommenden reiterlichen Grenzsituationen und für den Aufbau des Athleten ist dieses Konzept zu sparsam und wohl auch nicht ausgelegt.

Ich habe einen erweiterten Vorschlag für Grundlagen und Aufbautraining von Pferd und Reiter - das Konzept von PACING UND LEADING.

Es kommt aus der Hypnotherapie von Milton Erikson. Ich bin in der Eutoniepädagogik von Gerda Alexander darauf gestoßen, und es findet in der Feldenkraislehre seinen Platz und seine häufige Anwendung.

Ich habe es bei einigen wenigen begnadeten Springreitern gelernt, die mich immer wieder darauf hinweisen, und konnte so für uns alle die Verbindung schaffen zwischen

PACING

Im folgenden möchte ich Sie einladen, sich einzulassen auf die in unserem Kulturgut zum Lernen fremde Situation - des Pacing in seinen zwei Variationsformen.

PACING HEISST DASEIN, ANKOMMEN, VERSTEHEN, BEOBACHTEN, MITGEHEN, UNAUFFÄLLIG DABEISEIN IN ALLEN BEWEGUNGSVORSCHLÄGEN, DIE VORGEGEBEN WERDEN.

PACING UND LEADING

Für den Aufbau des Athleten muß man sich aktiv einstellen und entscheiden.

Pacing heißt sich anvertrauen in losgelöster und abgespannter körperlicher (muskulärer) und psychischer (innerseelischer) Verfassung, bis hin zu einem meditativen Zustand, der an die Trance grenzt.

Die passiv-neutrale Haltung beim Reiten - das Pacing - finden Sie am ehesten in den Situationen
a) auf einem grasenden Pferd sitzend,
b) während der im sogenannten Intervalltraining immer wieder vorkommenden Reitpausen, in denen Sie am hingegebenen Zügel Schritt reitend sich mit Ihren Freunden unterhalten,
c) in der Sektpause auf dem Pferd an der Bande aufgereiht und
d) bei langen, langen Schrittritten auf einem geländesicheren Pferd, das Ihnen Zeit und Muße gibt, in die Natur und in sich hinein zu hören und zu schauen.

Das Pacing beim Reiten entspricht der passiv-neutralen Situation des Schülers in der Einzelstunde bei der Feldenkraisarbeit. Diese Einzellehrstunde heißt dort FUNKTIONALE INTEGRATION. Der Schüler liegt dabei in einer für ihn bequemen Haltung auf einer Decke oder einem Behandlungstisch - während vom Lehrer überwiegend nonverbal mit sanfter manueller Führung Bewegungsvorschläge gemacht werden.

Die vom Lehrer gemachten Bewegungsvorschläge richten sich sowohl zur Körpermitte hin an die zentrale Verbindung Becken - Wirbelsäule - Kopf als auch von außen nach innen, also zum Beispiel von den Fingerspitzen über die Schultern zum Zentrum oder auch von den Fußspitzen

Die Situation des Pacing beim Sitzen auf dem grasenden Pferd

über das Hüftgelenk zum Zentrum.

Berührungen und Bewegungsvorschläge im peripheren Nervensystem unter der Haut haben immer ihren Kontakt und ihre Zielrichtung zum zentralen Nervensystem im Gehirn zu der Schaltstelle. Dorthin werden schon angebahnte Bewegungen in dieser uralten und jetzt neuen Situation des Schülers in passiv-neutraler Situation abgefragt und neue gelingende und freudeauslösende Bewegungsvorschläge angebahnt. Wobei jedoch Grenzen der Bewegungsfreiheit erkannt und zu jeder Zeit berücksichtigt werden.

Es gibt viel mehr Ideen hinter der Einzellehrstunde der Funktionalen Integration in der Feldenkraisbehandlung.

Ich kann Ihnen wirklich empfehlen, einige solche Einzellehrstunden bei einem anerkannten Feldenkraispractioner auszuprobieren. Sie werden nicht nur für Ihr Reiten profitieren, sondern auch für Ihr Leben.

Dieses Pacing in seiner völlig entspannten, losgelösten Form finden wir in der Einzellehrstunde, wo am Grundsitz des Reiters auf dem stehenden Pferd gearbeitet wird. Das Pferd wird dabei festgehalten, gegebenenfalls gefüttert. (Manchen Pferden fällt das ruhige Stehen mit Reiter kräftemäßig sehr schwer.) Der Reiter wird nicht oder wenig verbal angesprochen, sondern überwiegend über sanfte manuelle Führung beziehungsweise Einzelanwendungen in

Pacing und Leading

Der Reiter wird auf dem stehenden Pferd in den für ihn optimal enspannten Grundsitz gesetzt.

den ihm persönlich möglichen und für ihn optimal entspannten Grundsitz gesetzt.

Wir werden dies im Kapitel über den Grundsitz des Reiters genauer erläutern. Diese Form der Lehrstunde ist im Centered Riding entwickelt von der berühmten amerikanischen Lehrerin Sally Swift, Vermont. Sie basiert auf dem Hintergrund der mit der Feldenkraisarbeit verwandten Alexandermethode und ist durch die Feldenkraislehre weiter ausgebaut worden.

SALLY SWIFT ("Reiten aus der Körpermitte") gibt in einer neunzigminütigen Unterrichtseinheit an vier Reitschülern der Einzelbehandlung jeden Reiters auf dem stehenden Pferd insgesamt eine Stunde Zeit an jeweils drei Kurstagen.

Sally Swift aus Vermont unterrichtet CENTERED RIDING, die Integration der Alexandertechnik in die Reitlehre.

PACING UND LEADING

Lassen Sie Ihre Reiter in den ersten Monaten so krumm sitzen, wie sie nur wollen.

Sie können darin die Bedeutung sehen, die dem Pacing in seiner völlig passiv-neutralen Form von Lehrer und Schüler in einer Unterrichtseinheit gegeben werden kann. Interessanterweise bewegen sich auch die Pferde nach drei Kurstagen in einem deutlich besseren Gleichgewicht, in viel gelösterer Verfassung. Schließlich ist LOS-GELASSENHEIT doch das Zauberwort im Klassischen Reiten - der Grundlage allen Trainingsaufbaus.

Meistens wird leider das Pacing, die passiv-neutrale Situation des Schülers in seiner abgespannten tranceähnlichen Form, vom unausgewogenen Pferd und von der Ungeduld und Unwissenheit des Reitlehrers gleich im Ansatz verdorben.

Das wohl einleuchtendste Beispiel dafür ist das Nicht-krumm-Sitzen-dürfen auf dem Pferd. Lassen Sie Ihre Reiter auf dem Pferd in den ersten Monaten so krumm sitzen, wie sie nur wollen.

Ja, ermutigen Sie sie geradezu zu einer John-Wayne-Position. Der jungen Generation sage ich immer: "Sei eine Miau-Katze auf dem Dach, die mit krummem Rücken dasteht und überlegt, was sie wohl als nächstes tun soll." Halten Sie die zuschauenden Eltern auf, die ihren Reiterkindern vom Rande aus zuzischen: "Sitz gerade", denn diese Anleitung ist hinderlich für den Lernfortschritt und somit falsch.

PACING UND LEADING

Wenn ich vor Jahren mit zwanzig Reiterkindern vom Jugendbauernhof mit im Herdenverband gehaltenen Pferden ausritt, ergaben sich immer köstliche Bilder. Die meisten Kinder ritten ohne Sattel. (Das ermutigt die losgelassene Haltung.) Einer saß rückwärts auf dem Pferd, so konnte er sich besser unterhalten. Einer hatte den Walkman im Ohr und swingte. Einige gingen frei neben den frei laufenden Pferden und Ponys her. Es gab Haflinger und Fjordpferde, auch als Zweisitzer. Es gab auch "ordentliche" Reiter, aber fröhliche Unterhaltung überall. Eine Karawane der Losgelassenheit, getragen vom Konzept des Pacing, der Erlaubnis in die passiv-neutrale Haltung beim Reiten hinein. Verständlich, daß solcherart eingeübte Reiterkinder sich schnell und gerne sammeln für einen energischen Geländetrab, für das Ponyrennen, ein Tickerspiel auf dem Stoppelfeld oder auch nur für eine geordnete Straßenüberquerung oder gar das Jugendreiterabzeichen.

Dem Pacing, der passiv-neutralen Haltung zu Pferde, ordne ich noch eine zweite Variation bei, analog der ATM (Awareness Through Movement), der Gruppenarbeit in der Feldenkraismethode.

Bei einer ATM liegen alle Teilnehmer auf Jogamatten oder Decken auf dem Boden in einem leeren, gut geheizten, geschützten Raum. Dieselben Bewegungsvorschläge, die bei einer Funktionalen Integration über manuelle Führung gemacht werden, sind jetzt in ruhiger, abgestimmter verbaler Anleitung vorgegeben. Am Anfang liegend und aus dem Liegen heraus. Getragen vom Boden ist der Umgang mit der Schwerkraft naheliegender und erinnert am ehesten an ein Nachlernen aus der Zeit der Kindesentwicklung, die getragen und gehalten und auf dem Boden liegend beginnen sollte.

Feldenkraisübungen in der ATM gehen dann auch über zum Sitzen und zum Stehen und zu mobilen Bewegungsabläufen, wie sie auch im Judo wiederzufinden sind.

Beim Reiten bedeutet Pacing in seiner Äquivalenz zur Gruppenarbeit ein aktives Arbeiten an sich selber hin zum Bewegungsvorgang, zur Bewegungsrichtung, zum Bewegungsrhythmus des Pferdes in allen Grundgangarten und Übergängen auf geraden und gebogenen Linien.

Der Lehrer gibt dafür Handlungsanleitung und erläutert, wie man sich selbst befragt.

Der Reiter lernt, sich und das Pferd zu beobachten. Er lernt, wie er die Bewegungen des Pferdes im Sitz begleitet, indem er punktuell die Funktionen einzelner Körperteile und des Gesamten beobachtet und versteht.

Er fragt nach

a) Richtungen, die er in jeder Körperhälfte, in Teilen des Skelettes braucht, um in der Bewegungsrichtung des Pferdes zu sein.

Er fragt nach

b) dem Umgang mit der Schwerkraft zur Bewegung in allen Körperteilen. "Wo bin ich schwer oder wollte schwer sein?", "Wo tendiere ich zum Erdmittelpunkt hin?", "Wo bin ich leicht oder wollte leicht sein - gehalten und balanciert hin zu natürlicher Aufrichtung?"

Reiten in natürlicher, gesammelter Aufmerksamkeit in guter Grundbalance.

Er fragt nach

c) der Handlung selber! "Ist das, was ich in meinem Körper in seinen einzelnen Vollzügen zum Bewegungsablauf des Pferdes tue, wohin ich abgeholt werde vom Pferd, eigentlich bequem? Angemessen? Förderlich? Hinderlich? Werde ich eigentlich abgeholt?"

Er fragt nach

d) dem Timing, dem Zeitfluß während einer beobachteten Bewegung, und dem Timing als dem Wann, also wann ein Bewegungszusammenhang einem innerhalb eigener betrachteter Funktionen sinnvoll zufällt oder sich angliedert.

Er fragt nach

e) dem Atemfluß zur Bewegung. Nach seiner Qualität und Tiefe sowie seiner Ausbreitung im Körper zu einer Funktion und der sie begleitenden Emotion.

Er fragt nach

f) seinen Grenzen in einzelnen Funktionen und Zusammenhängen, nimmt diese realisierend zur Kenntnis.

Er fragt nach

g) seinen Möglichkeiten, indem er mindestens dreimal wählt oder 300mal oder 3000mal versucht, seine betrachtete, erkannte Gewohnheit zu bereichern mit Wahlmodellen; ihr ähnliche, jedoch andere verwandte Funktionsabläufe durchzubringen. Zum Beispiel können Sie bei einer Bewegung hingucken oder wegschauen, die Augen führen oder folgen lassen, bis Sie beides können.

Pacing beim Reiten in seiner Angleichung an die Arbeit am Selbst in der ATM ist so reichhaltig, daß Sie damit ein intelligentes Reiterleben ausfüllen können. Ich werde Ihnen die Arbeit am Grundsitz im Halten und in allen anderen Grundgangarten im nächsten Kapitel vorstellen.

Im Pacing in dieser zweiten Ausformung sind Sie jedenfalls nicht mehr in der Position völlig losgelöster Ruhe oder in einer Trance, sondern in natürlicher gesammelter Aufmerksamkeit hin zu der Ihnen derzeit möglichen besten Grundbalance. Sie haben die vergleichende Erfahrung und das gesicherte Wissen, daß Sie diese Grundbalance immer wieder verlieren dürfen und verlieren werden, da Sie selbst Handelnder sind und Handlungsanleitungen haben, sie neu zu finden. Sie wissen dann, wie Sie selber zur Zentrierung kommen, zur Erdung und zur natürlichen Aufrichtung, wie Sie hinkommen zur Leichtigkeit einer Marionette, eines Tänzers und zur Solidität eines geerdeten, verwurzelten Menschen.

Sie bekommen das Geschenk der Empfindsamkeit. Sie spüren sich selber sowohl in Ihren Emotionen als auch in Ihren Funktionen Ihrer Muskulatur und Ihres Skeletts. Über Ihr beobachtendes, betrachtendes Erspüren erlernen Sie es, sich abholen zu lassen zu den Bewegungen des Pferdes hin.

Wenn Sie sich diesem sich selbst beobachtenden Pacing in seiner zweiten selbstverantwortlichen Möglichkeit stellen, zeigt Ihnen Ihr Körper, was für Sie gut ist. Die Unterscheidung von Schmerzen zu einer vom jeweiligen Pferd abgeholten Bewegung und Lust bei einer anderen sind Hinweisschilder auf die nur Ihnen eigenen Prozesse von Wachstum und Lernen. Sie verschaffen sich einen Überblick über Ihre

Identität zu Pferde. Sie sind dann Sie selbst beim Reiten und unterliegen keinem Fraktionszwang mehr wie die Lemminge, die alle in eine Richtung laufen müssen, bis sie vom Felsen ins Meer stürzen.

Kein Käseglockenwissen mehr wird Ihnen übergestülpt. Selbst wenn es richtig ist, kommt es in direkter verbaler Anleitung und Ihrer Verarbeitung dazu verarmt zurück. Wahrscheinlicher ist, daß das vorgegebene Wissen für Sie noch nicht einmal zutreffend ist.

Ich lade Sie hiermit ein, sich die zwei Formen des Pacing einzuüben.

Die Pferde lieben das Pacing, aber den Menschen ist es oft am Anfang unangenehm. Sich in solchermaßen offenen Strukturen zu verhalten ist erst einmal schwieriger, da selbstverantwortlicher.

Seien Sie genauso ausdauernd und gerne der 'nasse Kartoffelsack' zu Pferde, wie Sie an Ihrer guten Grundspannung arbeiten mit Hilfe Ihrer Zentrierung, Erdung und Aufrichtung.

Sie sind dann nicht mehr hilflos; denn der Übergang von der zweiten, aktiven Variation des Pacing zum Leading ist fliessend.

Pferd und Reiter sind jetzt sowohl Sender als auch Empfänger einer Botschaft von Bewegung und Kommunikation. Sie bedingen und beeinflussen sich gegenseitig.

Machen Sie die schöne Übung VOM CLOWN UND VOM ZAUBERER.

Sie stehen sich gegenüber - der Zauberer macht eine Geste - der Clown macht diese Geste nach - der Zauberer macht eine Geste...

Nach fünf Minuten werden Sie nicht mehr wissen, wer wen eigentlich geführt hat.

Gut erlernbar ist der Übergang vom Pacing zum Leading natürlich in der Gruppenarbeit der Feldenkraismethode - und wenn es neben Ihrer Zeit rund ums Pferd eine freie Abendstunde oder freie Wochenenden gibt, empfehle ich Ihnen hiermit die Teilnahme an einer solchen Gruppe bei einem anerkannten Feldenkraispractioner.

Während des Reitens sollten Sie die verschiedenen Variationen des Pacing und den Übergang vom Pacing zum Leading wiederfinden beim

a) Reiten als Therapie natürlich. Hier macht nur das Pferd Bewegungsvorschläge in multidimensionaler Form. Einziges Trachten von Lehrer und Schüler sollte sein zu lernen, unter welchen Bedingungen man sich einlassen, also folgen kann.

b) In der Grundsitzschulung beim Reiten - auch an der Longe - sind die Variationen des Pacing ein MUSS zur Einstellung sowohl des Reiters auf das Pferd als auch des Pferdes auf den Reiter.

c) Bei den immer wiederkehrenden Lockerungsarbeiten und Aufgabenstellungen für Pferd und Reiter erreichen wir die angestrebte Losgelassenheit im Wechsel mit guter Grundspannung durch die Variation des Pacing.

Hier hat sich in meinem Fall wiederum die Lehre des Centered Riding durch Sally Swift verdient gemacht. Sie öffnete mir die Augen dafür, wie Pacing in Passivität und seiner neutralen Form beste Balance erschaffen kann in von uns allen angestrebter ästhetisch ausgedrückter Form angemessener Körperspannung auf der Schwelle im Übergang zum Leading.

d) Beim Beritt oder der gezielten Korrektur legen Sie die Trainings- und Korrekturbereitschaft des Pferdes fast immer über Pacing an und kommen immer wieder darauf zurück, um sich diese zu erhalten beziehungsweise zu erneuern.

Durch Pacing können Sie an Material arbeiten, das von Pferd und Reiter angeboten wird. Immer wieder können Sie Bewegungsvorschläge aufmerksam betrachten, sich einfühlen, sie annehmen und anhand der Bewegungsantworten aus dem eigenen Körper heraus überprüfen.

Wenn Sie sich Pacing und den Übergang vom Pacing zum Leading spürbar und erfahrbar gemacht haben, möchte ich Sie definieren als Freizeitreiter guter und bester Qualität. Sie und Ihr Pferd werden von diesem Moment an gemeinsam gesünder, intelligenter, lustvoller und erfolgreicher sein.

"DAMIT IHNEN DAS UNMÖGLICHE MÖGLICH WERDEN KANN, DAS SCHWIERIGE LEICHT UND DAS LEICHTE ANGENEHM." M. F.

LEADING ODER DER AUFBAU DES ATHLETEN

Leading- die Ausbildung der Athleten Pferd und Reiter.

Jeder Mensch erhält im Laufe seines Reiterlebens die Chance, sich für oder gegen ein Leading beim Reiten zu entscheiden. Es gibt einen Zeitpunkt und dessen immer

Marcia Kulak, USA, auf Out of the Blue repräsentiert den Aufbau des Athleten Pferd und Reiter.

wiederkehrende neue Anfrage, ob sich der Einsatz lohnt, ja ob Sie geradezu Lust darauf haben, in sich und in Ihrem Pferd einen Athleten zu sehen, sich gegenseitig miteinander und auch unabhängig voneinander aufzubauen.

Und es macht nichts, überhaupt nichts, in unserer leistungsorientierten Gesellschaft, wenn Sie sich dagegen entscheiden. Auch das ist eine Entscheidung für Ihre Lust, Ihre Gesundheit, Ihre Lebensfreude.

Jedoch wird häufig der Fehler gemacht, diese Entscheidung zu generalisieren, also auch für den Lebenspartner, die Freunde, die eigenen oder anderer Leute Kinder mitzutragen. Gründe dafür mögen der im reiterlichen Wesen weit verbreitete Fraktionszwang sein oder die Antipathie gegen leistungsorientierten Sport.

Grundsätzlich ist die Feldenkraismethode sportfreundlich. Moshe Feldenkrais selber war hoch anerkannter Judoka, und er spielte Fußball. Die Laborsituation der Arbeit an der eigenen Balance im Raum dient nicht nur der Respektierung der eigenen Grenzen, sondern auch der Entfaltung bisher ungenutzter Möglichkeiten - dem Lernfortschritt.

Da wir im Gegensatz zum asiatischen oder afrikanischen Kulturkreis in einer bewegungsarmen Kultur leben, können uns Fortschritte in bezug auf Bewegungsfreiheit immense Lust- und Freudegefühle bescheren. Und nicht nur das: Mehr Mobilität in bezug auf Wahlmöglichkeiten beim Bereich Bewegung bringt auch mehr Flexibilität in die Wahlmöglichkeiten unseres Denkens.

Ein geschlossener Raum, vier Wände, eine Decke, auf der wir liegen, der Schutz durch die Begleitung eines Lehrers sind dann nur das Labor, die Forschungsstation für mehr Flexibilität und Wahlmöglichkeiten in Ihrem Denken, in Ihren zentralen Anlagen.

Und wenn Sie sich aufmachen ins wahre Leben, hinaus in die Welt, gelten dieselben Regeln wie in der Forschungsstation und dieselben Leitlinien. Die Mitte finden, verlieren und wieder finden - die Erde spüren, sich da verankern, aufrichten, bewegen, wieder aufrichten - Schüler, Lehrer, Meister sein dürfen - in jeder Situation des Lebens das eine sein, das andere oder das letztere.

Und wenn Sie sich dann den kleinen Lebensausschnitt des Reiters vorgenommen haben, erlauben Sie sich und allen anderen, sich individuell zu entscheiden für das Pacing - ein Balancekonzept zu Pferde - oder den Weitergang zum Leading. Es liegt eine aktive Zeit vor Ihnen, ein Haufen Arbeit, über dem Sie nicht verlernen dürfen, jederzeit zum Pacing zurückzupendeln.

Leading setzt voraus, daß Sie gelernt haben, an sich selbst Fragen zu stellen. Sie haben das Beobachten gelernt. Aufgrund Ihrer Beobachtung können Sie erweiterte Vorschläge aus erlebter Erinnerung heraus machen.

Beim Leading zum Aufbau des Athleten sind Sie für das Pferd, für den Reitschüler und in weiten Teilen für sich selber in der Lage, anderen den Weg des Pacing zu eröffnen. Sie geben nicht nur Formen vor.

Leading heißt, das sichere Gefühl für zwei tragen zu können und die Überzeugung zu geben: "Du schaffst es!"

Leading heißt, aus dem Beobachten heraus verstehen zu können, mitzugehen, wenn jemand beklommen ist. Es heißt auch: Handlungsanleitungen geben zu können, die zur Leichtigkeit und Freude in Bewegung und Handlung führen.

Zum Leading gehört eine freundliche Grundstimmung sowie die Fähigkeit, Frieden zu schließen und Grenzen zu setzen, ohne dabei nachzutragen.

Zum Leading gehört viel Erfahrung und Selbsterfahrung im angeleiteten Bereich - und ein bißchen Sturheit, wenn Fragen an den Lehrer in Fragen an sich selbst zurückgeleitet werden.

Zum Leading gehört Großzügigkeit, in der Fragen ihre Zeit und ihren Raum zur Beantwortung bekommen.

Zum Leading gehört die Anleitung in die Richtung zum Lernfortschritt, beispielsweise jemanden zu befähigen, auf mindestens drei verschiedene Weisen das gleiche zu tun, also Wahlmöglichkeiten zuzulassen und dadurch der Neugier und dem Bedürfnis Raum zu lassen, daß unterschiedliche Wege und Techniken sich gleichmäßig mühelos anfühlen können.

Zum Leading gehört die Selbsterfahrung und die Vermittlung der Überzeugung, daß beim Pferd und beim Reiter jeweils aus dem Körper heraus für das Selbst Entscheidungen vorgegeben werden, in denen Gefühle von Schmerzen und von Lust Hinweise sind auf Prozesse im Lernfortschritt und Aufbau des Athleten.

Ein Leading im Sinne von Feldenkrais

setzt Respekt vor dem anderen Lebewesen voraus. Das heißt, gegenüber Pferd und/oder Reiter bei Disharmonien Frieden zu bewahren und auf das Pacing zurückzukommen.

Das Leading, der Aufbau des Athleten, setzt im Gegensatz zum Pacing (und auch im Gegensatz zum Freizeitreiten) getrennte Arbeitseinheiten im Trainingsaufbau von Pferd und Reiter voraus.

Das Pferd wird schon in der Haltung, Fütterung, Aufzucht, Zusammenstellung der Weidegruppe auf seine athletische Arbeit vorbereitet.

Feldenkraisarbeit am Pferd ohne Reiter, die TTEAM-Methoden von Linda Tellington-Jones, gezieltes Freilaufen, körperorientierte Arbeit aus den Zirkuslektionen, differenzierte Longenarbeit und ein abwechslungsreicher ausgefeilter Trainingsplan, der zwischen Bahn, Halle, Stoppelfeld und Gelände abwechselt, gehören zum Leading des Pferdes im Aufbau des Athleten.

Beim Leading des Reiters habe ich persönlich den Anspruch, Feldenkraislektionen im Raum vorzulegen mit weiterführenden Ausgleichssportarten wie Joggen, Schwimmen, Radfahren etc.

Zum Leading des Reiters gehört der gesamte Erfahrungsschatz aus dem Pacing mit all der vielen Zeit, die gebraucht wird, mit Pferden zu leben, beim Pferd anzukommen, einfach da zu sein.

Zum Leading beim Reiter gehört die Anleitung zum Leading aus dominanter Position, die sich aus der Hierarchie mit dem Pferd und Mitreitern ergibt, da ihr ein

Ein Reitlehrer sollte Kenntnisse über die Entsprechung der Pferderassen zur Reiteignung haben.

überlegener Erfahrungsschatz zugrunde liegt. In dieser Situation - und nur hier - befähigt sie zum Meister.

Zum Leading, zum Aufbau des Athleten, gehören beim Reitlehrer und beim Reiter Vorüberlegungen und Grundkenntnisse über Gesundheit und Anatomie von Pferden und Menschen. Also über Struktur und Funktionsweise von Skelett und Nervensystem genauso wie ein Eindruck und Kenntnisse von Herz, Lunge, Sinnesorganen. Ein Wissen über den Einsatz der Füße

Aufbau des Athleten

Eine harmonische zusammengestellte Weidegruppe dient dem Aufbau des Athleten.

und großen Gelenke sowie ein Abschätzen von Reiteignung und Talent bei Pferd und Reiter. Auch müssen (Fall-)Ängste und die Motivation angesichts der abgefragten Leistung berücksichtigt und erkannt werden.

Ein Reitlehrer sollte ein Menschenbild haben, einen Hintergrund philosophisch orientierten Denkens, aus dem heraus sich Grenzen und Möglichkeiten zum Aufbau des einzelnen Athleten überprüfen lassen.

M. Feldenkrais war sicherlich nicht nur ein Lehrer in der Anleitung komplexer Bewegungssysteme für ein verbessertes Lernen. M. Feldenkrais war ein Philosoph.

Ein Reitlehrer im Vorgang des Leading sollte differenzierte Kenntnisse haben über Reiteignung, genetische und kulturelle Zugehörigkeit der Pferderasse, mit der er hauptsächlich umgeht, sowie ein an der Realität stets überprüftes Bild von den Grenzen und Möglichkeiten der jeweiligen Pferderasse. Und zwar für einen respektierlichen Umgang mit den Pferden und für den angemessenen und liebevollen Einsatz.

Bei der Korrektur und dem Aufbau kranker oder neurotischer Pferde wird der Reiter immer über ein Leading arbeiten müssen, sich dabei jedoch aus der Trickkiste des Pacing reichlich bedienen.

Zum Schluß der Erklärung des Leading möchte ich Ihnen noch die Angst nehmen, beim Aufbau des Athleten auf keinen Fall in punktuelle Überspannung oder Fehlspannung geraten zu dürfen.

Denn das Ausloten von Grenzbereichen und das Wissen, daß man Fehler machen

AUFBAU DES ATHLETEN

Das Reiten einer Musikkür im Spannungsverhältnis zwischen Pacing und Leading

darf, ermöglichen erst den Zugang zu diesen Dimensionen von Wachstum und Lernfortschritt. Einen Ehrgeiz in diesem Sinne heiter zuzulassen ist Reitern und auch Pferden erlaubt.

AUF DEM BODEN DES PACING WIRD IHNEN BEIM LEADING DIE GRUNDLAGE FÜR EIN LERNEN IN LUST UND FREUDE NICHT ENTZOGEN; WENN SIE FEHLER ZULASSEN IN DEM WISSEN, DASS SIE FEHLERFREI GAR KEINE MÖGLICHKEIT ZUR INTELLIGENTEN KORREKTUR HIN ZU ALTERNATIVEN WAHLMÖGLICHKEITEN HÄTTEN.

Zeit sollte dabei relativ sein, während Sie Grenzbereiche ausloten und Lernen fördern.

Ästhetische Prinzipien werden realistischerweise einer guten Bewegung zugrunde gelegt, jedoch zum Glaubensbekenntnis degeneriert, wenn Sie so schnell wie möglich und um jeden Preis auf Kosten von Lust, Freude und Gesundheit verwirklicht werden sollen.

SIE HABEN JETZT EIN KONZEPT DES PACING MIT DER WECHSELWIRKUNG UND DEM ÜBERGANG VOM PACING ZUM LEADING. SIE HABEN JETZT DIE MÖGLICHKEIT, SICH BEIM REITEN FÜR EIN LEADING ZU ENTSCHEIDEN.

Mit dem Lesen dieses Kapitels haben Sie schon hart an sich selbst gearbeitet. Doch haben Sie jetzt Regularien und Hilfen für den Aufwand von Zeit, Geld, Standard sowie Trainer zu Ihrem Reiten im Spannungsverhältnis Pacing und Leading.

PACING UND LEADING - HILFEN IM REITERALLTAG

Passiv-neutral sein zu dürfen oder aktiv teilzunehmen zum Aufbau des Athleten fängt schon in der Vorbereitung des Reiters und des Pferdes für die Reitstunde an.

In meiner langjährigen Praxis als Reitlehrerin habe ich die Reiter zu Handlungsabläufen rund ums Pferd erst befähigt, wenn sie

a) motiviert dazu waren, sich den Vorgang genau anzusehen, sich das Geschehen gleichsam bildhaft einzuprägen

b) wenn sie angstfrei und gelassen an diesen Vorgang herangehen können

c) wenn ihnen ihre Körperkontrolle und damit ihre Motorik aus dieser Gelassenheit

Wer ein Pferd aus einer Gruppe heraus einfängt, sollte mit einer Gerte ausgerüstet sein.

heraus offensichtlich und bedienbar zur Verfügung stand für den jeweiligen angestrebten Handlungsvorgang.

Im Interesse des Gleichgewichtes von Pferd und Reiter habe ich dabei eher lange gewartet als vorschnell angeleitet. In der Grundannahme, daß das Reiten schon beim ersten Herangehen an das Pferd anfängt, achte ich in allen vorbereitenden Abläufen auf die Balance von Pferd und Reitschüler

HILFEN IM REITERALLTAG

Das Schweifverlesen entspannt Pferd und Mensch.

im Sinne des Pacing. Dabei leite ich einzelne Handlungsabschnitte an und lasse sie ausführen, andere übernehme ich, im Sinne des Leading, selber, bis alles stimmt, die Situation an den Reitschüler abgeben zu können.

DIE WEIDE

Ein nicht zu unterschätzender und nicht einfacher Vorgang ist es, die Pferde zum Reiten auf der Weide einzufangen.

Ist der Reitschüler zu diesem Erlebnis nun nicht völlig gelassen und zentriert, lasse ich ihn vor dem Weidetor stehen und angele die jeweiligen Pferde selber aus der Gruppe heraus. Der Reitschüler hat dabei Zeit, das 'Wie' des Einfangens zu beobachten, und das Pferd hat keine Zeit, eine Trickkiste des Ausweichens vor dem Einfangen zu kultivieren.

Hilfen im Reiteralltag

Kontakt und Kommunikation zwischen Mensch und Pferd bestimmen den Erfolg beim Einfangen von der Weide.

Ich persönlich gebe jedem eingefangenen Pferd ein Möhrenscheibchen als Belohnung oder Goodwillbonus. Es geht jedoch auch ohne.

Entscheidend ist die erste Kontaktaufnahme zum Pferd und die Basis der Kommunikation. Bei besonders ausgebufften Kandidaten, die sich nicht gerne einfangen lassen, nehme ich nur einen dünnen Strick mit, den ich dem Pferd, neben ihm stehend, von unten um die schlankste Stelle des Halses hinter dem Kopf lege.

Die Pferde mögen diese freiheitliche Art, geführt zu werden, und so schicke ich meine Reiter beim ersten aktiven Einfangen auch mit einem Stückchen Belohnung und diesem einen Strick los.

Aufgehalftert werden kann dann am Tor, wo schon jemand als Aufsicht und Helfer postiert wurde.

Wesentlich beim Prozeß des Einfangens auf der Weide ist, daß die Aufsicht die Rangordnung innerhalb der Herde kennt und diese berücksichtigt. Das heißt also, daß der Ranghöchste zuerst eingefangen wird.

Meistens postieren sich die Pferde in der für sie richtigen Reihenfolge am Tor. Diese sollte erkannt und erlaubt werden und den Reitschülern durchsichtig gemacht werden.

Wenn ein rangniedriges Pferd von der Weide geholt wird, sollte der Reiter mit einer Gerte ausgerüstet sein und einen Helfer am Tor haben, der die anderen Pferde zurückweist. Häufig vorkommende Unfälle für Pferd und Reiter könnten beim Einfangen vermieden werden, wenn man es als eine Kunst rund ums Pferd versteht und nicht als Mutprobe für Anfänger mißbraucht oder gar als "puppenleicht" deklariert. An den Reitlehrer adressiert kann das auch heißen: selber laufen!

DAS AUFHALFTERN

Wenn man sich beim Aufhalftern zwischen passiv und aktiv entscheidet, kann das auch heißen, daß man das Halfter gleich draufläßt. So können ungeübte Menschen die Pferde an die Hand bekommen, ohne sie kopfscheu zu machen.

Ich persönlich habe das auch schon so gehandhabt, jedoch ungern. Die Verletzungsgefahr im Stall und auf der Weide mit aufgesetztem Halfter ist zu groß. Pferde könne hängenbleiben oder sich beim hengstigen Spielen mit den Vorderbeinen im Halfter verfangen. Außerdem können fremde Menschen zu leicht an die aufgehalfterten Pferde heran.

Aufhalftern üben oder selbst aufhalftern lasse ich, während das Pferd an dem um den Hals geführten Strick festgehalten wird.

Ich bevorzuge dabei solide Halfter alter Machart, welche seitlich zuzuschnallen sind, nachdem sie über das Genick geführt wurden.

DAS PUTZEN

Einen besonderen Hinweis auf körperfreundliche Vorgehensweisen möchte ich Ihnen für das Putzen geben.

Entscheiden Sie sich für die Passivität und gegen das Putzen, wenn Ihnen Lust oder Erfahrung für eine körperfreundliche Vorgehensweise fehlen. Lassen S ie Ihr Pferd schietig und staubig zum Reiten antreten, wenn heute ihre Priorität auf dem Reiten liegt.

Ausnahme: Entkrümeln und entschorfen Sie die durch das Anlegen des Sattelzeuges belasteten Stellen; also die Stellen hinter den Ohren, an den Backen, auf der Sattellage und an der Gurtlage.

Sie können dafür Schwamm und Wasser benutzen. Die meisten Pferde haben eine große Akzeptanz gegenüber dem Ausschwammen und Abwaschen - jedoch eine genau so große Aversion gegen von ihnen nicht akzeptiertem Putzzeug und Putzart.

Körperfreundliches Putzen heißt also, für jedes Pferd eine Auswahl an Putzzeug zu finden, das es als angenehm empfindet, während vor dem Reiten geputzt und dabei sein Körpergefühl erhöht wird.

Alle auf dem Markt befindlichen Artikel sind erprobt und praktisch. Welche Auswahl Sie für Ihr Pferd treffen, hängt von der Sensibilität des Pferdes, von seinem Haarkleid und den von ihm beim Putzen gemachten Vorerfahrungen ab.

ACHTEN SIE BEIM PUTZEN ALSO AUF SEINE RUHE, SEINE KONTINUIERLICHE ATMUNG UND ZEICHEN SEINES WOHLBEHAGENS.

Die Unruhe, die Sie beim Putzen hereinbürsten, bekommen Sie beim Reiten nicht wieder heraus.

Das kann für den Reitlehrer gegebenenfalls heißen: selber putzen oder eine Akzeptanz für gräuliche Pferde in der Reitstunde entwickeln, denn: Putzen ist ein komplexer motorischer Vorgang, der erst bei einer be-

PUTZEN

Körperfreundliches Putzen mit dem Massagehandschuh

stimmten Grundruhe und Grundbalance eingeübt werden kann.

Ich selber leite an, die Pferde beim Putzen nicht anzubinden. Ich halte den Umgang mit eingeübten, ruhig unangebunden stehenden Pferden für sicherer. Mir ist wohler, wenn eine Gruppe ungeübter Menschen sich nicht zwischen eventuell in Panik geratenden angebundenen Pferden befindet.

Eine Ausnahme sind die - selten vorkommenden - reichlich vorhandenen, soliden Anbindeplätze mit ausreichendem Sicherheitsabstand zwischen den Pferden.

Im ersten Anleiten vom Putzen erkläre ich dann genau Standort und Motorik des Putzens, ich erkläre die verschiedenen Utensilien und gebe unsicheren Menschen dann nur die dem Pferd angenehmsten Massagehandschuhe oder ähnliches in die Hand - wenn ich nicht gleich selber überputze.

DAS AUFTRENSEN

Reitkunst bezieht sich meistens auf "Reiten". Vorbereitende, unumgängliche Maßnahmen wie beispielsweise das Auftrensen werden häufig vernachlässigt. Der Reitschüler bleibt Autodidakt oder Dilettant, dem der Vorgang - Trense auf Pferdekopf - einmal blitzschnell vorgeführt wurde.

Ich halte das Auftrensen für einen komplexen motorischen Vorgang. Ich lehre das Auftrensen daher ausschließlich am bereitwilligen, auftrensfreundlichen Pferd, das schon fast den Eindruck macht, als würde es sich auch zur Not selber auftrensen.

Ich warte daher, bis der Reitschüler Ruhe, Sicherheit rund ums Pferd und genügend Koordination in dieser Situation hat, bevor ich das Auftrensen lehre. Bis dahin werden

AUFTRENSEN

Ein Pferd sollte den Eindruck machen, als wolle es sich selber einfangen oder auftrensen.

alle Pferde von geübten Menschen aufgetrenst. Alle schwierigen Pferde trense ich als Reitlehrer selber auf!

Neben häufig vorkommendem falsch und schlecht angepaßtem Sattelzeug gibt es einige weit verbreitete dominante Fehler beim Auftrensen.

a) Die Position des Auftrensenden sollte im Blickwinkel des Pferdes dicht daneben in Höhe des Pferdekopfes sein. Nur aus dieser Position heraus sollte die Trense vorgehalten werden.

b) Das Trensengebiß wird oft planlos und ziellos gegen die Zähne des Pferdes gehalten oder gedrückt. Das tut den Pferden weh.
Richtig ist es, das Trensengebiß zwischen Daumen, Zeige- und Mittelfinger der linken Hand warmzuhalten, dann mittels Daumendruck der linken Hand auf den Laden oder in die Maulspalte das Pferd zu veranlassen, das Maul zu öffnen. Jetzt kann die mit der rechten Hand bereitgehaltene Trense über den Nasenrücken den Zaum hochführen.

c) Die meisten ungeübten Menschen haben zu viel Respekt vor den Pferdeohren und versuchen, die Trense weit darüberzuheben. Den Pferden ist das unangenehm. Die Pferdeohren dürfen Sie ruhig berühren und beim Auftrensen nach vorne und/oder hinten abknicken.

d) Jedes Pferd sollte sich vor dem Auftrensen gerne am Kopf und an und hinter den Ohren berühren lassen. Wenn dem nicht so ist, sollte grundsätzlich nur der Auftrensprofi auftrensen.

Grundsätzlich gilt: Jedes am Kopf berührbare, mit dem Menschen vertraute Pferd läßt sich mühelos auftrensen. Viele Steiger oder Pferde, die sich beim Auftrensen irre verhalten, sind durch das häufig ungeübte, ungeschickte Auftrensen verdorben. Beim Reiten wird von demselben Pferd dann erwartet, daß es das Gebiß annimmt.

Umkehrschluß: Erlauben Sie dem ungeübten Reitschüler die passiv-neutrale Position, und trensen Sie als Profi oder fortgeschrittener Reiter selber auf.

Beziehen Sie den Vorgang des Auftrensens in Ihren theoretischen Unterricht mit ein, und berücksichtigen Sie kleine Teilschritte des Vorganges.

DAS SATTELN

Beim Aufsatteln des Pferdes habe ich weniger Sorge, ungeübte Reiter frühzeitig anzuleiten, als beim Auftrensen. Es ist ein nicht so komplexer motorischer Vorgang.

Trotzdem wird auch hier so vieles falsch

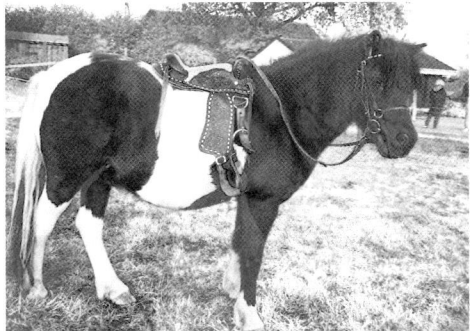

Ein Pferd und ein Pony sollten sich gesattelt unbedroht und friedlich verhalten.

gemacht. Herumtanzende Pferde, die beim Satteln den Reiter bedrohen, sind keine Seltenheit. Sattelzwang und Gurtenzwang als Neurose und Körperfehlspannung sind so weit verbreitet, daß auch eine Anleitung zum körperfreundlichen Satteln dringend erforderlich ist.

Wie auch bei den Trensen muß ich Sie an dieser Stelle darauf hinweisen, daß die meisten Sättel den Pferden nicht passen. Gebrauchte, uralte Markensättel deutscher Sattler sind die häufig am besten auf dem Pferd liegenden Sättel. Der Sattelverkäufer ist kein Garant dafür, Ihnen den Ihrem Pferd wirklich passenden Sattel anzutragen. Auch zu diesem Thema gibt es dann neuerdings gute Literatur und gute Fachlehrgänge, die ich empfehle.

Meine Vorgabe ist hier, die Bedeutung der Anleitung zum körperfreundlichen Sattelvorgang und der körperfreundlichen Positionierung des Sattel hervorzuheben.

Ein Großteil der Pferde verhält sich reiterunfreundlich, ausschließlich weil die Vorgehensweise beim Satteln schlicht rüde oder desorientiert ist. Dazu kommt oft

Satteln

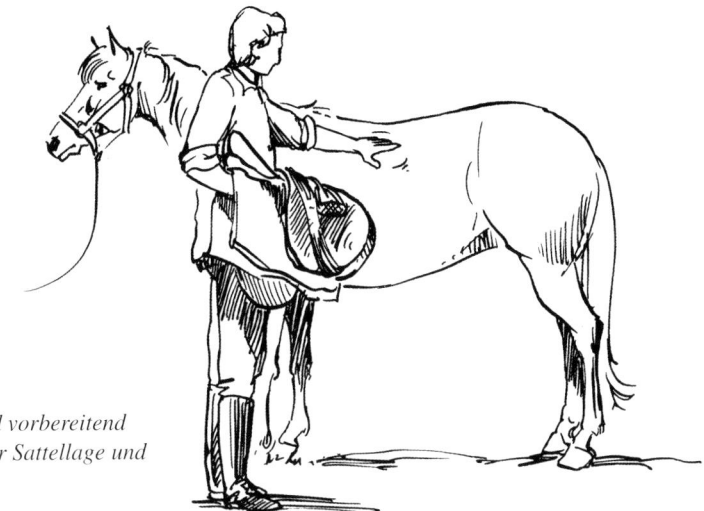

Klopfen Sie Ihr Pferd vorbereitend zum Aufsatteln an der Sattellage und Gurtlage ab

noch, daß der an der verkehrten Stelle falsch aufgelegte Sattel dann noch nicht einmal paßt.

Richtiger Sattelvorgang, körperfreundlich:

a) Sie stehen auf der linken (oder rechten) Halsseite des Pferdes dicht am Pferd.

b) Mit abklopfenden, abstreichenden, freundlichen Berührungen bereiten Sie den Pferderücken kurz auf die Belastung vor und machen sich einen Eindruck von der Belastbarkeit des Rückens.

c) Die Satteldecke sollte eher dick als dünn, eher groß als klein sein.

d) Wenn die Decke am Sattel befestigt ist, wird diese vorher in die Sattelkammer gezogen (gekammert).

e) Mit einem Bogen aus Ihrem eigenen Körper heraus heben Sie den Sattel über den Widerrist des Pferdes hoch und ziehen ihn dann langsam ruckelnd, rutschend in die richtige Position.

f) Die richtige Position fühlt sich richtig hingelegt an, liegt mit dem tiefsten Punkt über dem Schwerpunkt des Pferdes und läßt sowohl Schulter- als auch Nierenpartie frei zum Bewegungsablauf geradeaus und in der Wendung.

g) Sie tauchen unter dem Hals des Pferdes hindurch auf die andere Seite hinüber und lassen den Sattelgurt herab, ohne daß er gegen die Pferdebeine knallt.

h) Sie klopfen die Gurtenlage des Pferdes vorbereitend mit der flachen Hand ab und beugen so einem Erschrecken des Pferdes in der empfindlichen Gurtenpartie vor.

i) Sie gurten sachte an und ziehen den Sattelgurt erst unter mehrmaligen Wiederholungen fest genug zum Aufsitzen.

Wenn Sie als Profi selber satteln, sollte es beim Sattelvorgang zu keiner Zeit zu Unmuts- oder Angstreaktionen des Pferdes kommen. Während Sie den Sattelvorgang anleiten, sollte das auch nicht anders sein.

Jede Unmuts-, Angst- oder Zwangreaktion des Pferdes beim Satteln erfordert den Profi und nicht den Reitschüler zu diesem Vorgang. Wenn Sie den Zwang beim Satteln ignorieren, hat das gravierende Auswirkung bis hin zum uneffektiven Reiten.

AUFSITZEN

DAS AUFSITZEN

1995 konnte man in einem Hamburger Reitstall noch hören: "Wieso kannst du nicht aufsitzen! Du bist doch ein Junge, du mußt doch heraufkommen! Streng dich mal an!"

Ja, wieso kommt ein Reitanfänger und auch manch langjähriger Reiter nicht aufs Pferd?

Aus dem Feldenkraisdenken heraus betrachtet, handelt es sich beim Aufsitzen um einen komplexen motorischen Vorgang, der bei vielen Menschen körperlich nicht vorangelegt, angebahnt ist, daher nicht einfällt, zufällt, sich nicht einüben kann.

Der Profi hat diesen Bewegungsvorgang verfügbar. Er wurde über Gewohnheit und täglich vielfache Wiederholung in Körper und Gehirn eingespeichert. Muskeln, Sehnen und Bänder bekommen ihren Auftrag vom Nervensystem, das sich rückkoppelt mit der Schaltzentrale im zentralen Nervensystem, also im Gehirn.

Häme beim Aufsitzvorgang ist daher unangebracht und völlig unangemessen, um einen Lernfortschritt für Körper, Seele und Gehirn des Reiters anzuleiten.

Zudem hassen die Pferde verkrampftes, schweres, mühseliges und streßbesetztes Aufsitzen, und auch der Sattel leidet, er verzieht sich im Baum, ist dann nicht mehr mittig.

Erlauben Sie die passiv-neutrale Situation des Reiters beim Aufsitzen. Machen Sie es ihm so leicht wie möglich.

Geben Sie Wahlmöglichkeiten vor, wie man auf ein Pferd gelangen kann.

Ich lehre immer vier verschiedene klassische, anerkannte und legitime Aufsitzarten.

1) Der Rennreiter

Der Rennreiter wird auf das Pferd gehoben. Dabei steht der Reiter an der Schulter des Pferdes dicht am Pferd, hat den linken Unterschenkel nach hinten angewinkelt und beide Hände oben auf dem Mähnenkamm des Pferdes.

Der Helfer steht vor dem Hals des Pferdes. Er faßt mit der linken Hand in das Backenstück des Pferdes oder an den linken Zügel und mit der rechten Hand unter das Schienenbein des Reiters unterhalb vom linken Knie.

Auf einen gemeinsamen Aufwärtsimpuls hin, z.B. 1-2-3, denkt der Reiter aufwärts und hoch und atmet dabei aus, während ihn der Helfer hoch über das Pferd hebt, so daß der Reiter mit dem Gesäß im Sattel landet.

Machen Sie als Helfer nicht den Fehler, an das Fußgelenk zu fassen. Das schwächt die Hebe(l)wirkung.

Stellen Sie sich als Reiter mental auf ein HOCH-HOCH-AUFWÄRTS ein. Ein Bergabdenken macht Sie schwerfällig.

Mit diesem Trick können auch körperlich schwache Helfer große und schwere Reiter mühelos auf große Pferde heben. Voraussetzung ist, daß sie selber die Gelenke winkeln, also in die Knie gehen und aus dem Schwerpunkt heraus heben.

AUFSITZEN

2) Der Cowboy

Westernreiter positionieren sich an der Seite des Pferdes hinter dem Sattel in Blickrichtung des Pferdekopfes.

Von der linken Pferdeseite aus gesehen, stehen Sie dann links dicht am Pferd in Höhe der hinteren Rippen. Ihr linkes Knie legen Sie an das linke Sattelblatt an. Während Sie dann mit beiden Händen vorfassen zur Mähne des Pferdes und zum Vorderzwiesel des Sattels, können Sie sich mit dem rechten Fuß abfedern. Atmen Sie dabei aus, und denken Sie diagonal zur rechten Schulter des Pferdes hinüber. Denken Sie diagonal aufwärts und hoch, während Sie ausatmen, und bleiben Sie oben über dem Pferd stehen.

DANACH ERST, UND DAS GILT FÜR ALLE AUFSITZTECHNIKEN, LASSEN SIE SICH BITTE SANFT IN DEN SATTEL FALLEN.

So bleibt Ihrem Pferd der Auffsitzvorgang angenehm, und Sie erreichen den Pferderücken allmählich.

Die Aufsitztechnik der Westernreiter empfiehlt sich hauptsächlich für große Reiter mit kleinen Pferden.

Lassen Sie sich sanft in den Sattel gleiten. Fangen Sie Ihr Gewicht selber ab.

AUFSITZEN

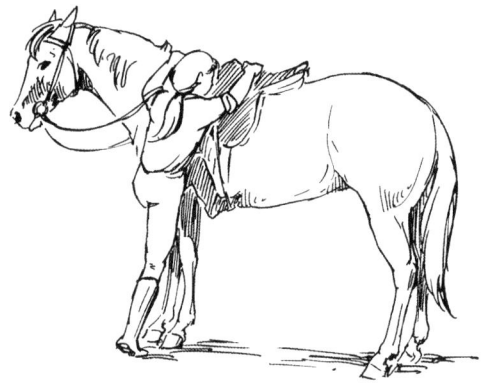

3) Der Jagdreiter

Für kleinere Reiter mit großen Pferden wiederum bietet sich die klassische Aufsitzmöglichkeit der Jagdreiter am ehesten an.

Von der linken oder rechten Seite aus können Sie zuerst auf einen stabilen Aufsitzblock steigen und dann in den Steigbügel und somit aufs Pferd.

Sie können auch eine massive Bank wählen, einen Baumstumpf oder einen Koppelzaun.

Vermeiden Sie aus Sicherheitsgründen, kippelige Tapezierleitern oder Eimer etc. zu benutzen.

Gewöhnen Sie Ihr Pferd mit und ohne Sattel daran, sich von beiden Seiten über einen Aufsitzblock oder Felsen aufsitzen zu lassen.

Wenn Sie die Technik der Jagdreiter benutzen, werden Sie sich sportlich und gewandt vorkommen, denn es ist eine lebendige, echte und gute klassische Technik. Sie schonen dabei Ihre Gelenke in den Beinen, jedoch wird gleichzeitig Ihr Gleichgewichtsgefühl geschult.

4) Das klassische Aufsitzen

In unseren Landen vorwiegend unterrichtet wird die KLASSISCHE AUFSITZTECHNIK.

Der Vorteil liegt darin, daß bei Beherrschen der Technik auch kleine Reiter auf große Pferde aufsitzen können, ohne einen Helfer oder irgendwelche Gerätschaften zu benötigen.

Der Nachteil liegt darin, daß sie körperliche Gewandtheit über freie Bedienung besonders in den Hüftgelenken voraussetzt und übungs- sowie wiederholungsbedürftig ist.

Achten Sie bei der klassischen Technik darauf, daß Sie in Blickrichtung zum Schweif hin zum Beispiel auf der linken Seite dicht neben dem Pferdehals stehen. Entweder parallel dazu oder maximal bis zu einem 45°-Winkel. Setzen Sie dann den linken Fuß bis zu den Fußballen in den Steigbügel. Halten Sie sich mit dem flachen linken Knie zum Sattelblatt hin.

Fassen Sie mit der linken Hand in die Mähne und mit der rechten Hand über die Mitte des Sattels in Orientierung auf das gegenüberliegende Sattelblatt. Federn Sie mehrfach auf die rechte Fußspitze. In Ihrer mentalen Einstellung denken Sie aufwärts und hoch, federn Sie sich ab und atmen Sie dabei aus. Je nach Größe des Pferdes können Sie dann eine Kreisbewegung nach links erlauben. Dabei dreht sich Ihr linkes Hüftgelenk und linkes Knie, Ihr Becken, Ihre Rippen, also Ihr Oberkörper, nach links in Blickrichtung rechts am Pferdekopf vorbei. Bleiben Sie momentan diagonal über dem Pferd stehen, und lassen Sie sich dann sanft in den Sattel zurückgleiten.

Wenn Sie aus irgendeinem Grund den linken Fuß nicht in den Steigbügel bekommen, ist diese Aufsitztechnik zur Zeit für Sie zu schwierig, und Sie sollten sich gelassen den drei anderen Techniken zuwenden.

AUFSITZEN

Für alle vier Aufsitztechniken gilt:
Sie und Ihr Pferd sollten sie von beiden Seiten aus beherrschen, um der jeweiligen Einseitigkeit entgegenzuwirken. Denken Sie daran, Mensch und Pferd haben eine Standbein- und eine Spielbeinseite. Anstreben für ein gutes Gleichgewicht wollen wir die Mittigkeit.

Denken Sie in Ihrer mentalen Einstellung immer aufwärts und hoch.

Atmen Sie beim Abfedern immer aus; der beatmete Schwerpunkt wird beim Ausatmen kraftvoll mobilisiert.

Halten Sie sich im Halsansatz und Genick beweglich, weich und hoch. Stellen Sie sich vor, ein kosmischer Marionettenfaden halte Sie hoch.

Für den Lernvorgang des Aufsitzens von Ihrem Gehirn aus zu Ihrem Körper und Ihren Gelenken in Ihrem Körper hin können Sie neugierig, im Zeitlupentempo erprobend, folgende Übungen machen:

Übung zum Aufsitzen:
Stellen Sie sich parallel zu einem
- niedrigen Tisch
- mittelhohen Tisch
- hohen Tisch

Heben Sie dann den zum Tisch hin gelegenen Fuß darauf, wenn Sie mit der linken Schulter zum Tisch hin stehen, den linken Fuß, und wenn Sie mit der rechten Schulter zum Tisch hin stehen, den rechten Fuß.

Richten Sie sich in dieser Position bequem ein. Achten Sie darauf, welche Höhe für Sie noch erreichbar und welche nicht mehr erreichbar ist. Sie können daraus rückschließen, wie tief der Steigbügel hängen muß, damit Sie aufsitzen können.

Fühlen Sie dann in fächerförmigen Linien Ihr Knie vor über Ihren Fuß, während gleichzeitig Bauchnabel und Schambein an die hintere Wadenpartie und an die Ferse des linken/rechten Fußes heranfedern.

Machen Sie eine andere Bewegung. Schieben Sie das Knie fächerförmig über den Fuß nach vorne. Werden Sie dabei im Becken schwer nach rückwärts abwärts, wohin Ihr Bauchnabel folgt. Ihr Rücken wird dabei rund. Hier handelt es sich auch um eine richtige und echte Bewegung, jedoch zum Aufsitzen ist diese Bewegung unpraktisch.

AUFSITZEN

Wiederholen Sie diese beiden Bewegungen je 20mal, während Sie studierend vergleichen.

Gehen Sie in die erste Bewegung, und vergleichen Sie, ob es praktischer ist, dabei auszuatmen oder einzuatmen, während Sie mit dem Knie fächerförmige Linien nach vorne zeichnen.

Machen Sie jetzt kreisende Bewegungen mit dem linken/rechten Knie.

Dann, ganz vorsichtig, ganz allmählich, können Sie den linken Fuß nach links positionieren, während Sie im Oberkörper nach rechts herüberblicken. Das Becken bzw. Ihr Bauchnabel bleibt rechts vorwärts/aufwärts intendiert und geht erst allmählich in eine Rotation nach links.

Achten Sie auf die starke Drehung links

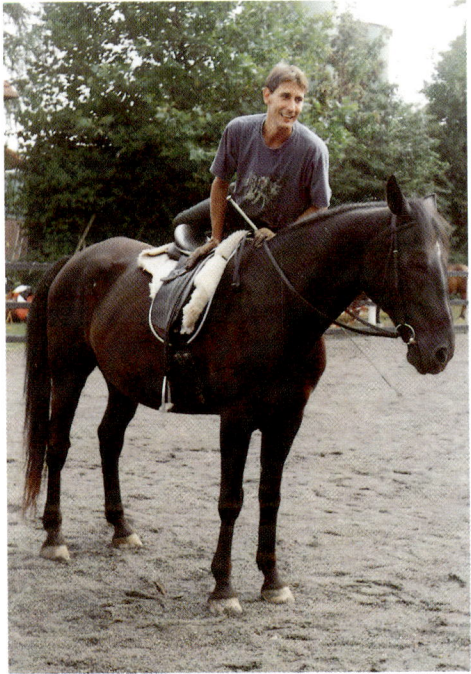

Die klassische Aufsitztechnik erfordert vom Reiter die Beherrschung komplexer Motorik.

im Hüftgelenk. Erproben und probieren Sie Richtungen der Beziehung Fuß-, Knie-, Hüftgelenk, neugierig ertastend und ohne Schwung.

Atmen Sie aus, während Sie gleichzeitig ganz sachte beginnen, mit dem anderen Fuß auf dem Boden auf die Zehenspitze zu federn.

Denken Sie aufwärts und hoch, während Sie federn und ausatmen.

Achten Sie jetzt auf Ihre Halswirbelsäule und auf Ihr Genick. Können Sie noch eine kleine zustimmende Nickbewegung machen, gleich einer Vibration? Nehmen Sie sie zu Hilfe, und denken Sie auch im Kopf hoch und leicht und frei nach vorne. Häufig liegen zum Aufsitzen hin unpraktische Bewegungszuordnungen darin, daß der Haaransatz mit dem Kragen zusammengeführt oder daß das Kinn an das Brustbein gepreßt und das Genick dabei nach hinten gezogen wird.

Stellen Sie sich dann noch vor, Sie hätten Halt und Aufsitzhilfe am Mähnenkamm und Sattel eines Pferdes, und tun Sie so, als ob Sie aufsitzen wollten.

An diesem kleinen, mittelhohen und hohen Tisch haben Sie keine Unruhe wie oft um das Pferd herum.

Sie können jedoch noch einen Schritt weiter gehen und eine Feldenkraislektion zu Hilfe nehmen. Liegend auf dem Boden haben Sie es leichter, mit der Erdanziehungskraft umzugehen, und können einige beim Aufsitzen und vielleicht sogar im übrigen Teil Ihres Lebens relevanter Beziehungen in sich und Ihrem Bewegungsablauf kennenlernen.

SELBSTBETRACHTUNG - SCANNING

Vorbereitung:
Wenn Sie mögen, können Sie sich jetzt auf eine weiche Decke oder Yogamatte bequem auf den Boden legen. Legen Sie sich auf den Rücken, Arme und Beine ausgestreckt. Wenn Ihnen das nicht bequem ist, können Sie auch die Füße aufstellen. Schauen Sie sich dann an, wie Sie in der Rückmeldung vom Boden aufliegen.
Wie weit liegen die Beine auseinander?
Wie liegen die Fersen oder Füße auf?
Wie liegen Ihre Waden?
Ihre Kniekehlen?
Ihre Oberschenkel?
Wie liegen Sie im Becken auf?
Wo liegt die Wirbelsäule auf?
Wie liegen Sie im Brustkorb auf?
Ihre Schultern?
Ihre Arme?
Liegt ein Arm anders als der andere?
Wie liegen Sie mit Ihrem Kopf auf im Abdruck zum Boden - und mit dem restlichen Körper?
Wenn Sie in ein Farbbad getaucht wären, welchen Abdruck würden Sie zum Boden hinterlassen?
Welche Stellen in Ihrem Körper liegen nicht auf?
z.B. in der Lendenwirbelsäule
    im Nacken
    hinter den Kniekehlen
Wo im Körper atmen Sie?
Wo kommt und geht der Atem?
Wohin spüren Sie die Auswirkung von Atemfluß und Atembewegung?

Scanning

Denken Sie strukturell in die fünf Hauptlinien Ihres Körpers. In die Länge der Wirbelsäule, in die Länge der beiden Armen und der beiden Beine. Wie lang sind diese Linien im Vergleich miteinander, und wie ordnen Sie diese zueinander an im Raum? Und wohin im Verhältnis dazu legen Sie den Kopf?

Sie können sich jetzt betrachten wie ein Strichmännchen, das auf den Boden gemalt ist.

Sie brauchen sich nicht zu korrigieren. Sie können sich einfach betrachten und somit in dieser Phase kennenlernen.

Im Körper ist eine Tendenz zum Gleichgewicht, die Selbstkorrektur erlaubt, wenn wir uns im willkürlichen Eingreifen aus dem Weg halten.

Nehmen Sie sich für diese Selbstbetrachtung Zeit - fünf Minuten oder 15 oder 50 Minuten.

Sie ist der Vergleichspunkt für neu erlerntes Gleichgewicht, nach den Lektionen und innerhalb der Lektionen, und sie wirkt auch in sich.

Wenn Sie sich beispielsweise morgens und abends je zehn Minuten in die Ruheposition in der Rückenlage auf den gerade eben angenehm harten Boden legen, werden Sie bald merken können,

a) wieviel klarer Ihr Selbstbild wird und

b) daß Ihnen jedesmal andere Zusammenhänge zu sich selbst wichtig werden und

c) daß Sie sich ändern, anders aussehen in der Rückmeldung vom Boden, anders aufliegen und anders fühlen.

Wie gehe ich mit Feldenkrais um?

Eine Feldenkraislektion ist allgemeingültig für viele Bewegungssequenzen in unterschiedlichen Lebenszusammenhängen und nur so gemeint.

Ich möchte in Ihnen die Neugier und den Wunsch wecken, Feldenkraisarbeit kennenzulernen, um sich Lernfortschritte und Wachstum erschließen zu können. Die von mir angebotenen Lektionen zum Reiten sind sinnvoll zugeordnet.

Dennoch möchte ich Sie einladen, alle vorgegebenen Lektionen in Muße und Achtsamkeit durchzuprobieren.

Sie alleine haben die Autonomie, die Gebietshoheit über den Ihnen zur Verfügung stehenden Part der Selbsterziehung. Es ist also ohne weiteres möglich, daß für Sie die anderen beziehungsweise ganz andere Lektionen eine große persönliche Relevanz haben - auch für ein besseres Aufsitzen.

Das zentrale Buch von Moshe Feldenkrais in Hinblick auf Lektionen könnten Sie zusätzlich zu Hilfe nehmen.*

Und noch einmal empfehle ich die Zusammenarbeit mit einzelnen, anerkannten Feldenkraislehrern/Lehrerinen in Ihrer Region, wo Sie Einzellehrstunden in Funktionaler Integration machen können und/oder Gruppenarbeit in Bewußtheit durch Bewegung (ATM), die von den Lehrern verbal angeleitet wird. Auch können Sie dort die Lektionen aus diesem Buch nacharbeiten.

* Moshe Feldenkrais "Bewußtheit durch Bewegung", Suhrkamp Taschenbuch.

SCANNING

Insofern Sie sich diese Lektionen selber erarbeiten, sollten Sie sich auf folgende "Spielregeln" einstellen und diese auch für sinnvoll erachten:

- Seien Sie Sie selbst. Versuchen Sie nicht, 'gut' und richtig zu tun. Tun Sie es einfach.

- Bewegen Sie sich innerhalb der Lektionen bitte sehr langsam, sozusagen im Zeitlupentempo. Dadurch haben Sie die Zeit, die Qualität der Bewegung zu spüren.

- Achten Sie besonders auf den Anfang der Bewegung. Wiederholen Sie dieses Anzetteln immer wieder, bis Sie klarer hineinsehen in die Bewegung und die Qualität verbessern.

- Stellen Sie sich nicht auf ein bestimmtes Ziel oder Ergebnis ein, sondern lassen Sie den Bewegungsvorgang auf sich wirken.

- Gehen Sie spielerisch an die Ausführungen der Bewegungen heran, und bleiben Sie dabei deutlich innerhalb der Ihnen möglichen Leistungsgrenze. Bei einer Reduzierung der Anstrengung können Sie die Qualität der Bewegung viel differenzierter wahrnehmen.

- Arbeiten Sie niemals in einen Schmerz hinein. Machen Sie dann die Bewegung erheblich kleiner oder nur in Ihrer Vorstellung.

- Achten Sie darauf, ob und wann Sie zu einem Bewegungsablauf ein- oder ausatmen. Eine Belastung der Atmung zeigt Ihnen an, ob und an welcher Stelle eine Bewegung für Sie schwierig ist oder Reibung erzeugt.

- Die Übungseinheit für eine Lektion kann jedesmal durchaus 30 bis 40 Minuten andauern. Machen Sie dabei unbedingt viele, viele Pausen.

- Denken Sie nicht mehr gymnastik- oder trainingsorientiert. Es handelt sich hier um einen Lernvorgang, durch den Sie sich in Ihrem Körper befähigen, Mögliches tun zu können. Ihr befreiter Körper wird Ihnen zeigen, wieviel Kraft und Lust zur Wiederholung und Ausdauer Sie wirklich haben.

Ich wünsche Ihnen viel Spaß mit reiterlich zusammengestellten Lektionen von Moshe Feldenkrais.

FÜHREN DES PFERDES

Eine wunderbare Möglichkeit, Pferd und Reiter zu trainieren, liegt in der Anwendung einer der gewandten und gesicherten Formen des Pferdeführens. Ich beziehe mich im folgenden nicht nur auf die freie Arbeit mit dem blanken Pferd, sondern auf ein koordiniertes Führen des gesattelten und aufgesessenen Pferdes.

Damit können Sie dem Pferd klare Informationen vom Boden aus geben, wenn es

Führen im klassischen Kavalleriestil

Führen des Pferdes

reiterliche Hilfen erlernen oder umlernen soll. Wenn Sie führen, sind Sie der Boß. Sie können Ihrem Pferd dann ein sicheres Gefühl geben und ebenso dem Reiter.

Auf diese Position können Sie beim Reitunterricht oder der Korrektur eines Pferdes dann immer wieder zurückgreifen. Der Reiter bekommt währenddessen Zeit, seinen

Zum Führen braucht der/die Führende eine Distanz zum Pferd, in der er/sie immer wieder hineinarbeiten kann, um die Partnerschaft zu disponieren.

Sitz zu überprüfen oder sich überhaupt auf sein Pferd umzustellen.

Beide können schauen, ob sie in der Lage sind weiterzuatmen. Sie glauben nicht, wie

Führen des Pferdes

Führen, légeres Nebenhergehen

oft Pferd und Reiter in die (Not-)Lage kommen, ihre Atmung anzuspannen oder zu verflachen.

Über das Führen des Pferdes kommt es zu einem Dabeisein bei Pferd und Reiter für ein Dominieren und dadurch Sichern und Entspannen der Situation.

Führen des Pferdes ist kulturell und reithistorisch in unterschiedlicher Ausprägung angelegt.

Es ist immer rhythmisch zum vom Pferd vorgegebenen oder angestrebten Bewegungsablauf hin.

Führen des Pferdes ist vom Reitlehrer auf andere Reiter delegierbar - es funktioniert auch im dritten Glied der Anleitungskette.

Führen setzt voraus, daß der Führende unabhängig auf einer vorgedachten Linie gehen oder laufen kann und dabei seine Hand, seinen Arm selber trägt, damit er sich nicht am Pferdemaul anlehnen muß und auch nicht am Hals des Pferdes, seiner Schulter oder am Sattel.

Im Führen braucht der/die Führende eine Distanz zum Pferd, in die er/sie immer wieder hineinarbeiten kann, um die Partnerschaft zu disponieren.

Führen heißt auch, eine neutrale Verbindung zum Pferd zu haben und zu halten. Dominierend in bezug auf die Weisung, balancierend in bezug auf Tempo und Richtung und vertrauensbildend auch über ein immer wieder neu gehäkeltes Band der Liebe zum Pferd, die ihm gezeigt wird - und dieses, das werden Sie merken, geht bei jedem Pferd anders.

Führen heißt immer abzuschätzen, wie die Situation ist, und dementsprechend aus dem Erfahrungsschatz verschiedener möglicher Führpositionen heraus zu agieren.

Beim Führen sind Sie immer in der Verantwortung und Pflicht, den Reiter zu sichern - und das bringe ich schon meinen kleinsten führenden Helfern bei.

Überfordern Sie daher nicht Ihre Kinder und andere Verwandtschaft oder Bekanntschaft, mal eben Ihr Pferd in der Halle, aus der Halle zum Stall, auf die Koppel oder wohin auch immer zu führen.

Wenn es gutgeht, werden Sie nach und nach Anzeichen an Ihrem Pferd entdecken, die auf einen Verlust an Zusammenklang und Feinabstimmung hinweisen. Ich beziehe mich dabei auf Pferde, die beim Führen grasen oder Bäume anknabbern, Sie anschubsen, sich an Ihnen scheuern oder Ihnen auf den Fuß treten.

Wenn es schiefgeht und bei Ihrer Sicherung durch Führen ein Reiter herunterfällt oder ein Pferd zu Schaden kommt, haben Sie einen langen Weg vor sich, an dessen Ende Sie alleine die moralische Instanz sind.

Führen: show- bzw. Vorführen-Vorstellen

Formen des Führens

Die klassisch-konventionelle Form, ein Pferd zu führen, sieht vor, das Pferd achtsam unter Kontrolle zu halten und sich dabei ordentlich auszurichten.

Hierbei werden die Pferde in militärischer Tradition von links geführt. Die Zügel liegen entweder auf dem Hals des Pferdes oder in der rechten Hand mit dem langen Ende auslaufend in der linken Hand. Der Führende faßt dann unterhalb von Kinngrube oder Kehlgang des Pferdes von oben in beide Zügel. Er hält den Zügel dann mittels aufeinander gerichtetem Daumen und Mittelfinger.

Währenddessen sichert der Zeigefinger diese Verbindung oder hält das in Schlaufen gelegte Zügelende.

Um es gleich zu sagen: Ich mag diese Form des Führens nicht, wenn ich von einem körperfreundlichen Konzept aus denke. Es besteht die Gefahr, sich zu dicht am Pferdekopf festzumachen.

Bedenken Sie, daß Sie immer über Genick, Halswirbelsäule und Rücken des Pferdes gehen, wenn Sie über das Pferdemaul oder den Nasenrücken einwirken.

Und wie häufig, glauben Sie, treten Sie verspannt und steif an Ihr Pferd heran, wenn Sie die Last des Alltags noch nicht so recht beiseite tun konnten oder selbst chronische körperliche Beschwerden haben?

Wir müssen davon ausgehen, daß lebendige Körper voneinander lernen, im Guten wie im Schlechten, und daß wir unsere eigene Körperstarre und psychische Verfassung nicht nur in ein Pferd hineinreiten, sondern diese auch schon beim gemeinsamen Gehen übertragen.

Da diese konventionelle Form des Führens häufig abgefragt wird, beispielsweise in Reitervereinen und Landesreit-

Formen des Führens

Führen im Cowboystil

schulen, sollten Sie sie kennen.

Versuchen Sie sich im Körper zu lockern und darauf zu achten, wie Ihr Pferd beim Führen in Kopf und Hals reagiert. Schluckt es vielleicht Luft mit diesem kleinen glucksenden Geräusch, schnappt es verlegen nach den Zügeln, oder wippt es unruhig mit dem Kopf auf und ab. Es zeigt Ihnen auf diese Weise, daß ihm nicht ganz wohl und bequem im Körper ist, und Sie haben die Chance, sich darauf einzustellen und, wo immer die Festigkeit und Starre sitzt, in der Muskulatur abzuspannen.

Will ich mein Pferd also nur bequem von Punkt A nach Punkt B bringen, vielleicht vom Stall zur Reithalle, bevorzuge ich ein légeres Nebenhergehen mit einem Pinzettengriff zwischen Daumen und Zeige- oder Mittelfinger am jeweiligen inneren Zügel, während dabei der Zügel auf dem Hals des Pferdes liegt.

So bin ich bei meinem Pferd und weise Tempo und Richtung - jedoch eigentlich sind wir gemeinsam unterwegs - in Harmonie und Vertrauen.

Ist das ungeführte Pferd sehr unruhig oder geht es mir darum, über das Führen den Reiter zu sichern, beispielsweise beim Ausreiten eines jungen Pferdes, bevorzuge ich das Einschnallen eines zweiten Führzügels im jeweiligen Trensenring. Dieser sollte leicht sein im Karabiner, um im Maul des Pferdes nicht zu stören. In der Länge entweder unauffällig kurz, wie etwa ein nicht zerschnittenens Sachsband aus Ihrem Strohballen. Oder gerade lang, wie ein Schlaufzügel oder eine Longe, damit Sie mit dem Pferd differenziert arbeiten können, wenn es die Hilfen vom Boden aus der Distanz heraus braucht. Es könnte sein, daß sie im Gelände über eine Brücke führen wollen oder daß ein aufgeregtes Pferd antraben soll an Ihrem langen Band um Sie herum. So können Sie dann eventuell entstandene Aufregung in ein freies Arbeiten nach vorne - in eine Vorwärtsbewegung hinein - umwandeln.

Wenn Sie ein Pferd längere Zeit oder immer mal wieder führen wollen, empfiehlt es sich, das Pferd gleich mit einem Halfter unter beziehungsweise über der Trense zu zäumen. Wenn Sie den Führzügel im Halfter einschnallen, vermeiden Sie eine Mehrfachbelastung über das Maul des Pferdes, und Sie vermeiden Unruhe über eine zu heftige oder unkoordinierte Einwirkung am Führstrick.

Für alle im folgenden dargestellten möglichen Führpositionen gilt: Sie unterliegen dem Zusammenspiel von
a) Stimme und Sprache,
b) Körpersprache und Haltung,
c) Zügeleinwirkung, die auch Einwirkung über die Führleine oder eine Hand sein kann,
d) Zeichengebung - Signalsprache über eine Gerte oder einen Touchierstab, der also ein verlängerter Arm sein kann und durch Handzeichen ersetzt oder abgelöst wird,
e) einer mentalen Einstellung mit einmal dem mentalen Verlauf zur angestrebten Situation und zum zweiten dem Übermitteln eines eigenen inneren Klimas von z.B. Herzlichkeit, Härte zur Sache, Dominanz, Mut, Ermutigung, Zorn und auch im allerwesentlichsten: Heimatgefühl, Zusammengehörigkeit, ankommen dürfen.

Überprüfen Siebei sich selber, welche dieser Komponenten zum Führen Ihnen zur Verfügung stehen und ob Sie sie miteinander anklingen lassen können. Aufgrund von Erfahrungen könnte ich darauf wetten, daß Ihr Führen eines Pferdes beziehungsweise die Anleitung dieses Vorgangs unter dem körperfreundlichen Aspekt überholungsbedürftig ist.

DIE TTEAM FÜHRUNGS-POSITIONEN VON LINDA TELLINGTON-JONES

Sally Swift, Marie-Luise v.d. Sode und Linda Tellington-Jones in Gladstone, New Jersey.

Die amerikanische Feldenkraislehrerin Linda Tellington-Jones hat mit der Entwicklung der Balancearten eines Pferdes vom Boden aus sieben Führpositionen in ca. neun Nuancierungen entwickelt.

Ich möchte Ihnen das Erlernen dieser Führpositionen empfehlen, da im TTEAM-CHI eine überaus große Basis liegt, sowohl mit dem Pferd zu verhandeln in bezug auf sein Gleichgewicht als auch bezogen auf Unterordnung, beispielsweise beim Verladen oder im Straßenverkehr.

Wesenhaft bei der TTEAM-Bodenarbeit ist, daß das Pferd mit einer über den Nasenrücken beziehungsweise der Kinngrube verschnallten Führkette als Ersatz der Zügelwirkung über das Maul gearbeitet wird.

Im Feldenkraisgedanken liegt der Sinn

TTEAM-FÜHRPOSITIONEN

5. Führposition: The grace of the Cheetah - Die Anmut des Geparden.

darin, neue ungewohnte Berührungserfahrungen im Kontakt zum Pferd anzubieten. Und zwar in der Annahme, daß das Maul häufig schon überbeansprucht ist durch Zuchtvorführungen auf Trense oder Festigkeit in der Reiterhand.

Außerdem weist eine Zügeleinwirkung über den Nasenrücken des Pferdes mehr in Richtung Pferdesprache, während jede Hilfengebung im Maul eine erlernte Signalsprache zwischen Pferd und Mensch ist, also nur Impulse gibt, die nie so eindeutig sein können wie natürliche Signale.

Dem Pferd ist durch die Spielregeln im Herdenverband klar, daß es sich zurückhalten oder ausweichen muß, wenn es vom ranghöheren Pferd in Richtung Kopf, Nasenrücken, Ganaschen angebleckt oder mit dem Androhen von Auskeilen in Richtung Kopf oder Vorderbrust zurückgewiesen wird. Sie können diesen Ablauf sehr schön beobachten, wenn Sie eine Pferdegruppe durch ein Gatter von der einen auf die andere Weide umtreiben und die Reihenfolge durch einen schmalen Durchgang vom ranghöheren Pferd dem rangniedrigeren Pferd zugewiesen wird.

So haben die Tellington-Führpositionen nicht nur einen balancierenden Effekt, sondern sind auch als artgerecht zu bewerten.

TTEAM-Führpositionen streben eine Gleichgewichtsarbeit zwischen Pferd und Reiter an, bevor dieser aufsitzt. Die differenzierte Bedienung der eigenen Hand über feinabgestimmte Vibrationen und Anfragen an der Führkette wird ebenso geschult zwi-

4. Führposition: The glade of the eagle - Das Gleiten des Adlers.

TTEAM-Führpositionen

4. Führposition: The glade of the eagle - Das Gleiten des Adlers.

schen Pferd und Reiter, wie alle Bewegungen in energetischem Aufwand und Richtung, die aus dem Schwerpunkt kommen und in einem Energiekreis den eigenen Körper und den Pferdekörper miteinander verbinden.

Modern und clever in den Tellington-Bodenlektionen sind auch die Positionierung des Führenden und die Variierung der Distanz zum Pferd. Gearbeitet wird von beiden Pferdeseiten aus, um für Pferd und Reiter die Rechts- und Linksseitigkeit zu überprüfen und zu schulen und sich mittig ausrichten zu können.

In der Grundposition gehe ich dann nicht irgendwo lümmelig neben dem Hals oder der Schulter des Pferdes her, sondern mit der jeweiligen inneren Schulter in Höhe der Nüstern vom Pferd.

Diese Position erlaubt Dominanz zum Pferd hin. Gleichzeitig fördert sie Selbsthaltung und eigene Balance des Pferdes im Raum. Es kann sich nicht verstecken oder abwenden, sondern muß sich zeigen, selber halten und selber tragen lernen, während es sich auf den "Tanz" mit mir einläßt.

Ein Tanz mit zwei Partnern, denn auch Sie müssen sich einlassen in dem Zusammenspiel der Kräfte: mentale Energie, Herzenseinstellung, Sprachschatz zwischen Ihnen und dem Pferd, Haltung und Positionierung in der Körpersprache und Feinabstimmung in der Kopf- Handkoordination.

Insofern Sie den Athleten ausbilden in Pferd und Reiter, sind soeben aufgeführte Werte Grundbedingungen eines erfolgreichen Reitens mit légèreté und Ausstrahlung.

Für den Reitanfänger bieten die in jeder Weise erlernbaren TTEAM-Führpositionen eine Möglichkeit, Pferdesprache zu leben - zu reden. Außerdem kann der Anfänger für seine eigene Sicherheit ein Minimum an Alphastatus aufbauen, den er dann wiederum innerhalb der TTEAM-Techniken in kleineren Krisensituationen mit Chance durchhalten kann, beim Verladen eines Pferdes oder beim Führen über Wassergräben, Brücken etc.

In erdenklich bester Weise wird bei TTEAM-Führpositionen die Wahrnehmung geschult über die Leichtigkeit des Pferdes, seine Selbsthaltung und Körperselbstwahrnehmung in Ruhe und Bewegung.

Diese Dinge brauchen Sie beim Reiten, und mit der Zeit merken Sie dann auch, wie das eigene Gleichgewicht sich verbessert in den klaren TTEAM-Richtlinien zur Balance zwischen Pferd und Reiter.

Wie Sie merken können, schätze ich die TTEAM-Bodenpositionen sehr. Sie werden in meinen Ausbildungskursen gelehrt und natürlich in erster Linie von Linda Tellington-Jones selber, ihrer Schwester in Kanada, Robin Hood, und ihren anerkannten Lehrern.

Führen und Folgen

Führen und Folgen - souverän und gelassen geht der Führende vorneweg.

Es entstehen allerdings Situationen, in denen ich die Anwendung so differenzierter Maßnahmen wie der TTEAM-CHI-Positionen zu verwirrend empfinde - sowohl für das Pferd als auch für den Führenden.

Diese Situation kann gegeben sein, wenn ein Pferd Angst hat. Zum Beispiel gibt es Pferde, die noch nicht gelernt haben, in der Gegenrichtung zu vielen anderen Pferden zu laufen. Sie laufen dann rückwärts oder springen seitlich weg.

Führen und Folgen ist die Methode der Westernreiter. Souverän und in Gelassenheit geht der Führende vorneweg und erwartet geradezu, daß das Pferd den zweiten Rang klar einnimmt und sich unterordnend hinterhertrottet. Fast immer sieht das Pferd dabei zufrieden aus, und für den Führenden ist diese Haltung, leger vorneweg zu gehen, praktikabel und bequem. Pferde in ängstlicher Stimmung mögen es nicht, wenn man sie ansieht. Außerdem wird hier nicht eine Situation auf Mittigkeit und Gleichgewicht analysiert, sondern alle Energie und Ausrichtung geht von einem Punkt weg auf einen anderen inneren oder äußeren Punkt zu.

Das Pferd verliert momentan sicherlich an Ausstrahlung, gefestigt wird jedoch der zweite Rang des Pferdes auch im Hinblick auf das Reiten und sein Vertrauen in den Menschen.

Außerdem - warum sollten wir eingleisig, rechthaberisch und stur auf einer Themengruppe von Führpositionen verharren, wenn wir intelligent, differenziert und lebendig Wahlmöglichkeiten zulassen können, um unsere Lernfortschritte und gemeinsamen Erfolge zu verbuchen.

Drücken oder treibend stehen und gehen

Ist Ihnen schon einmal ein Schlitzohr von Pferd wiederholt abgehauen, wenn Sie es von der Weide einfangen wollten? Hat sich vielleicht sogar erst Ihr Bestechungsleckerli gegriffen und ist dann verduftet? Jetzt haben Sie nicht viele Möglichkeiten, wenn Sie nicht klein beigeben wollen. Manchmal hilft es, die Haferschwinge zu holen, aber bei den ausgebufften Kandidaten kann es passieren, daß sie dann erst recht abhauen. Geben Sie nicht auf - rennen Sie jedoch auch nicht kopflos wedelnd über die Wiese und spielen Pferd im Stierkampf. Nein - verhalten Sie sich treibend. Gehen Sie ruhig, aber auch aus noch so großer Entfernung gezielt hinter die Hinterbacken des Pferdes, und gehen Sie treibend hinter ihm

Führen und Folgen

Drücken oder treibend gehen

her. Nicht jagend! Sondern ruhig, aber drückend. Ihre eigene Körpersprache drückt mit vorgeschobenem Bauch und Becken den Souverän aus.

Probieren Sie Unterschiede aus - stellen Sie sich vor, wie Sie verzweifelt hinterherschlappen, den Blick auf den Boden gerichtet oder in die Augen des Pferdes, während Ihr Po nach hinten heraustippt und alle Energie nach rückwärts verliert. Gehen Sie dann in Ihren Gedanken in die Gegenposition. Stellen Sie sich vor, Sie hätten einen Bauchladen vor sich, der bis zum Po des Pferdes hinreicht. Sie können rhythmisch gehen oder energisch in den Boden hineintreten. Sie sind entschlossen. Und Sie werden sehen, Ihr Pferd hält auf und läßt sich einfangen.

Nach und nach werden Sie merken, wie häufig Sie das Konzept von drücken, treibend stehen und gehen noch brauchen.

Zum Beispiel, wenn ein Pferd sein Grundtempo nicht findet, am längeren oder dem Langzügel gearbeitet wird. Beim Erlernen des seitlichen Übertretens von Ihnen weg nicht weichen will. Im Reitunterricht, wenn Sie als Reitlehrer insgeheim Chef dé Manége sind und den Pferden ihre Platzordnung und ihre Hufschlagfiguren über Ihre Positionierung und Körpersprache noch vorgeben, solange der Reiter noch nicht in der Lage ist, diese allein reiterlich anzulegen.

Drücken und treibend stehen werden Sie anwenden bei Widersetzlichkeiten des Pferdes auf Sie zu oder dem klebrigen Anlehnen auf Ihren Schoß oder Ihren Fuß. Was häufig vorkommt bei selbstunsicheren Pferden, die nur bei Ihnen Schutz suchen. Größte Relevanz bekommt es beim Anordnen des Freilaufens und Freispringens eines Pferdes sowie dem Übergang zum Freilongieren und der klassischen Longenarbeit.

Rückwärtsrichten

Es gibt Kandidaten, die ihren Fluchtimpuls in Rückwärtskriechen "umgebaut" haben, was sie dann gern bei der Arbeit zu allen möglichen Anläßen tun.

In dieser Situation haben Sie zwei Möglichkeiten:

a) Sie lassen die Zügel lang und gehen friedvoll mit, warten, bis Ihr Pferd zur Ruhe kommt und wieder mittut, und gehen die Arbeitssituation dann neu an. Eine passable Lösung, wenn das Rückwärtskrauchen eine Ausnahmeerscheinung bei Ihrem Pferd war.

b) Entzieht es sich jedoch jederzeit nach rückwärts, beispielsweise beim Verladen, wenn es von der Weide weg nicht in eine Box gehen möchte oder klebt es gerne an anderen Pferden oder seinem Heimatstall, dann übernehmen Sie das Kommando mit dem Rest an Freiheit, der Ihnen jetzt noch bleibt, und richten Sie das Pferd rückwärts: wiederholt und energisch, und über lange Strecken, 20 Meter, 40 Meter, 100 Meter, geradeaus und in alle Winkel und Ecken. Ihr Pferd wird friedlich im Kopf werden und müde in den Hinterbeinen. Es wird wiederholt Vorschläge machen zum Aufhören, und Sie können annehmen oder nicht. Jetzt sind Sie wieder der Brötchengeber und derjenige, der führt. Gleichzeitig haben Sie Ihr Pferd trainiert. Es kann sein, daß Sie dieses Rückwärtsrichten mehrfach wiederholen müssen. Aber Sie werden merken, wie positiv Ihr Pferd insgesamt reagiert. Es versteht, daß Flucht in Zusammenarbeit umgebaut wurde, und erkennt den Ranghöheren, da bei Pferdekämpfen der Verlierer rückwärts weicht.

Es gibt verschiedene Möglichkeiten der Hilfestellung für das Pferd beim Rückwärtsrichten! Schonen Sie in erster Linie sein Maul. Außer beim angreifenden Pferd sollten Sie in allen Situationen das Maul des Pferdes frisch und unbelastet erhalten. Stellen Sie sich frontal zum Pferd auf und blicken Sie über das Pferd hinweg/am Pferd entlang in den Horizont nach hinten hin. Klingeln Sie mit der linken Hand vibrierend am Zügel, und geben Sie mit dem Daumen- und Zeigefinger der rechten Hand einen Impuls an der Bugspitze des Pferdes, um dort einen Reflex auszulösen. Schicken Sie Ihre ganze Energie in diese Richtung, und sagen Sie dabei: "Back" oder "Zurück". Sie können auch die Vorderröhrbeine des Pferdes mit der Gerte abstreichen und dann abwechselnd touchieren.

Manchem Pferd ist diese Hilfe klarer. Hengste in Rangordnungskämpfen kneifen sich ins Vorderbein, um Unterordnung auszulösen.

Das ausbalancierte Rückwärtsrichten als Lektion sollten Sie mit jedem noch so jungen oder alten Pferd signalartig einstudieren.

Rückwärtsrichten als Führen kann eine legitime Notwendigkeit sein und gleichzeitig eine Trainingsaufgabe über die Hinterhand auf den Schwerpunkt des Pferdes zu. Enthalten Sie sich diese Technik aus falsch verstandener Tierliebe nicht vor.

VORFÜHREN

Wenn ich ein Pferd zu einer Zuchtschau mitnehme oder bei einer Materialprüfung zeige, führe ich mein Pferd vor. Die Artisten unter den Pferdevorführern sind die Publikumslieblinge. Sie bringen sich heraus, indem Sie das Pferd herausbringen. Denn bewertet wird eigentlich das Pferd. Wenig Zäumung ist dann angesagt: ein dünnes Halfter, ein Reithalfter oder eine blanke Trense ohne Reithalfter. Gelaufen wird unauffällig - neben der Schulter des Pferdes - der Zügel ist lang und der Gang rhythmisch und in der Trittlänge dem Pferd angepaßt.

TTEAM-Positionen oder Führen und Folgen wären hier fehl am Platze. Sie stehlen damit dem Pferd die Schau, in Raumgriff und Ausstrahlung alles zu geben. Suchen Sie sich einen Artisten, der mit Ihrem Pferd flirtet.

Ich möchte Ihnen empfehlen, alle anerkannten Möglichkeiten, ein Pferd zu führen, auszuprobieren. Sie bereichern sich auch für das Reiten, denn all diese Positionen kommen auch beim Reiten vor. Denn all diese Positionen kommen auch beim Reiten vor!

In jedem Fall sollten sie das Konzept aller Führungspositionen auch in jede vorbereitende balancierende Maßnahme zum Reiten integrieren, als da wären Freilaufen des Pferdes, Freilongieren oder klassische Longe.

Sowohl aus der Zirkusarbeit mit Pferden als auch aus der Tellingtonarbeit wissen wir, wie sich die Kommunikation der Arbeit der sechs Komponenten (1. mentale Einstellung, 2. Körpersprache, 3. Stimme, 4. Gerte, 5. Zügeleinwirkung, 6. Wesensfestigung) fortsetzen kann in Arbeit zwischen zwei Gerten beziehungsweise zwischen zwei Händen. Natürlich sind solche Feinabstimmungen auch von den Indianern, Zigeunern und einigen Westernreitern überliefert.

Wesentlich für sie scheint es nur, daß Sie den Transfer zum Reiten machen sowie er in der klassischen Hohen Schule gemacht wurde. Wenn Sie die sechs Komponenten koordinieren können, haben Sie das Medium, um mit ganz wenig Einsatz ganz viel Ausstrahlung, légèreté und Kunst zu erreichen, bei einem Minimum an Kraftaufwand und ohne nennenswerte Reibungsverluste.

Beachten Sie bitte, ob Ihr Pferd gern geführt wird. Ich messe der Ausbildung zum Führen einen ganz hohen Stellenwert bei, aber nur, wenn das Pferd mitmacht. Es gibt eben kopfscheue Pferde oder sehr ehr-

Pferde vorführen ist eine Kunst. Suchen Sie einen Artisten, der mit Ihrem Pferd flirtet.

geizige oder schlechtgelaunte, die ihren Rhythmus nicht stören lassen wollen. Solche Pferde führe ich nicht, sondern longiere sie oder lasse sie in einem kleinen Areal mit sechs, zehn oder 20 Meter Durchmesser arbeiten.

Alle anderen Pferde führe ich, besonders wenn Pferd oder Reiter sich geführt sicherer fühlen
a. im Gelände,
b. im Straßenverkehr,
c. beim Wechsel der Plätze in einer Gruppe,
d. beim Anlernen von Sprüngen über Stangen oder Gräben.

Für das Reiten profitiere ich dabei durch die eigene reiche Grundausstattung an Körperkoordination, Wahrnehmung und Gleichgewicht. Außerdem habe ich ein ganzes Spektrum an Hilfengebung angelegt, das ich jedenfalls vom Boden aus beherrsche und beim Reiten abrufen kann. Und zwar so, daß für das Pferd ein Wiedererkennungswert auftaucht.

Da Reitsitz und Gehen ein verwandter Bewegungsablauf sind, profitiert jeder von einem abgestimmteren koordinierteren Gehen für ein feines, beschwingtes Reiten.

Einstellung des Selbst zum Führen

Die amerikanische Reitlehrerin Sally Swift aus Vermont lehrt eine ganz wunderbare Körperübung zum Abspannen vor dem Reiten oder während des Reitens. Das Shake Out oder Schütteln.
Hierbei wird überspannte Körperenergie aus allen Gelenken herausgeschlenkert, um sie nicht in athletische Bewegung mit hereinzutragen und diese dadurch zu behindern.
Gehen Sie folgendermaßen vor:
Stellen Sie sich bequem auf.
Neigen Sie den Oberkörper ein wenig vor.
Schlenkern und schütteln Sie sachte das rechte Handgelenk cirka. 20 bis 30 Mal.
Schlenkern Sie dann von der leicht vorgeneigten rechten Schulter aus das rechte Ellenbogengelenk.
Schütteln Sie sich im Brustbein hin und her, daß Ihre rechte Schulter schlenkert.
Schütteln Sie das rechte Fußgelenk aus.
Schlenkern Sie dann vorsichtig und achtsam Spannung aus dem rechten Knie.
Tanzen Sie dann einen Twist mit dem rechten Fuß, als wollten Sie eine von jemand anderem achtlos fortgeworfene Zigarette austreten.
Halten Sie sich dann auf, und betrachten Sie sich im Vergleich der rechten zur linken Körperhälfte.
Vielleicht kommt Ihnen die rechte Hälfte dann länger vor, oder breiter, oder wärmer, oder kribbeliger - fester verankert oder leichter zum Boden.

SIE HABEN NICHTS WEITER FÜR SICH GETAN ALS ÜBERFLÜSSIGE KÖRPERSPANNUNG DER SCHWERKRAFT ANVERTRAUT. ALL DIESES HÄTTEN SIE DEM PFERD MIT HINEINGEGEBEN IN DAS FÜHREN UND REITEN.

Tun Sie also gern dasselbe für sich auf der linken Seite. Achten Sie darauf, in den Knien locker und bewegungsbereit zu sein.

Senken Sie dann Hände und Arm, Kopf, Stirn, Augen und Haaransatz in Richtung zum Boden ab.

Achten Sie darauf, nicht den Hals-Nacken-Bereich festzuziehen, vermeiden Sie also die Zusammenführung von, Haaransatz hinten und Kragen.

Pendeln Sie also den Oberkörper in Richtung Boden aus.

Verlängern Sie dabei einmal den einen und dann den anderen Arm.

So können Sie die gesamte Wirbelsäule nach rechts und links ausschütteln und sich dabei allmählich aufrichten.

Strecken Sie dann einmal ganz langsam den rechten Arm zur Zimmerdecke, als wollten Sie sie wegschieben, und dann den linken.

So öffnen Sie dann auch noch die Ziehharmonika in Ihren Rippen.

Geht es Ihnen jetzt besser als vorher? Ist ein lebendiges Gefühl entstanden? Etwas mehr Verankerung oder Sein? Etwas mehr Raum, Weite oder Leichtigkeit?

Sicher eine bessere Disposition zum Führen und Reiten eines Pferdes.

Soweit Sally Swift, Alexanderlehrerin und Reitlehrerin mit viel Einblick in ganzheitliche Bewegungslehren aus England und Neu-England. Sie haben diesen Part schon im Liegen kennengelernt, dem Alexander-lie-down oder Scanning - dem Einschätzen der Selbstbalance.

Schauen Sie sich jetzt im Stehen an: von den Füßen an aufwärts, vom Genick oder den Augen an abwärts, im Vergleich der rechten und linken Körperhälfte, in den fünf Hauptlinien: Wirbelsäule, Arme und Beine.

Schauen Sie in Ihre Atmung hinein im Stand.

Vertrauen Sie auf die Tendenz im Körper zur Ausrichtung ins Gleichgewicht. Notieren Sie geistig, was Ihnen auffällt. Sie fangen an, Bewußtheit zu entwickeln, sich Ihres Selbst bewußt zu werden.

DAS BALANCE-KONZEPT

Für den klassischen Reiter mit Prägung der Kavallerieschulen gibt es als Rahmenkonzept, als Richtlinie für den Ausbildungsweg eines Reitpferdes die sogenannte Skala der Ausbildung.

Sie ist sehr wertvoll und beinhaltet sich gegenseitig beeinflussende und aufbauende Meilensteine oder Wegmarkierungen für den Lernfortschritt eines Reitpferdes. Sie gilt für den Arbeitsrahmen innerhalb einer Reitstunde genauso wie für ein mittelfristiges oder langfristig angelegtes Trainigskonzept eines Reitpferdes mit dem Ausblick darauf, daß ein Pferd bei weiterem Verlauf schwungvoll-schwingend und doch versammelt geht.

Die Punkte der Ausbildungsskala sind:
1) Takt
2) Losgelassenheit
3) Anlehnung
4) Geraderichten
5) Schwung
6) Versammlung

Wenn wir auf ein gutes Körpergefühl bei Pferd und Reiter hinarbeiten, werden wir immer wieder Komponenten dieser Ausbildungsskala berühren und spüren.

In der Realität sehen wir jedoch häufig in eine Form gerittene, zusammengestellte Pferde, die schwunglos gehen, also nicht schwingend im Rücken, die nicht geradegerichtet sind und daher den Reiter aus der Bewegung heraussetzen und bei Überprüfung der Losgelassenheit Fehlspannungen aufweisen, wie ein festes Maul beim Reiten (Zähneknirschen), einen harten Rücken oder einen dröhnenden Gang.

DAS BALANCEKONZEPT

Ich frage nach dem Zusammenspiel aller Kräfte zu der Gestalt einer Bewegung.

DAS BALANCEKONZEPT

Ich schaue auf die Beziehung zur Schwerkraft auch beim Ruhen oder Wälzen des Pferdes.

Der freiheitlich reitende Freizeitreiter möchte dann die Schäden, die durch ein solch undurchlässiges Reiten bei Pferd und Reiter entstehen, vermeiden.

Er läßt vornehmlich den Hals des Pferdes lang sein, den Gang stürmend oder schlurfend. Wenn er in irgendeiner Weise Gaspedal und Bremse seines Pferdes bedienen muß, sind die Übergänge meistens abrupt und unvorbereitet. Dazu kommen dann irritierende Maßnahmen über die Zügeleinwirkung - auch insbesondere beim Reiten in Wendungen hinein.

Das Trainieren der Pferde in Reitbahn oder Halle wird im ersten Fall - Reitsport als Breitensport - häufig sehr monoton angelegt. Pferd und Reiter wirken angstvoll, unglücklich oder verbissen - jedenfalls sehr häufig fest im Körper unter Fehlspannung an der Grenze zu Schmerz.

Der vorwiegend sich als Ausreiter definierende Freizeitreiter meidet meist aus gutem Grund Reitbahn oder Halle. Sein Pferd läuft schleppend bis hin zur Widersetzlichkeit. Angaloppieren oder Anhalten werden zu Lektionen, die selten auf einen Punkt hin angezettelt werde können - und der Reiter kommt schlecht zum Sitzen und zur geregelten Einwirkung hin.

Auch hier wirken die Ausnutzung der Bahn und das Reiten vorwiegend lahmgelegt durch Monotonie und Planlosigkeit.

Ich habe mir diese Art, die Bahn zu nutzen, lange Zeit überlegend angesehen und bin zu dem Ergebnis gekommen, den Reitern aus der körperorientierten, neuen, auf uralten Gesetzen der Ganzheitlichkeit basierenden Lehre Hilfen anzubieten, die ein sinnvolles und angenehmes Trainieren mit den Pferden einleiten und begleiten.

Ich nenne diese Hilfe: das Balancekonzept. Ich frage den Reiter ab in bezug auf sein Verhältnis zu

a) der Schwerkraft,

b) der Richtung der Bewegung,

c) dem Zusammenspiel aller Kräfte zur Gestalt einer Bewegung,

d) der Einstellung, immer alles zu sehen vor dem Hintergrund körperlicher und seelischer Losgelassenheit.

Wenn der Reiter sich die Frage stellt, in welcher Weise sein Pferd gewohnheitsmäßig mit den Gesetzen der Schwerkraft umgeht, wird seine Aufmerksamkeit auf viele Grundfragen gelenkt. Er wird bemerken, ob sein Pferd eher im Stechschritt geht, aufwendig strampelt, stürmend oder schwebend unterwegs ist oder eher stumpf in den Boden hinein, schleppend, schwankend oder schwerbeinig. Damit bezieht er sich gedanklich auf die Erdung seines Pferdes, auf seine Beziehung und seine (An-)Vertrauensbasis auf die Erdanziehungskraft zum Erdmittelpunkt hin.

Wenn er versucht, den Umgang seines Pferdes mit der Schwerkraft einzuschätzen, wird er anfangen, es zu beobachten, zu erfühlen. Wie es sich hinlegt zum Wälzen und wann, wird dadurch interessant (wo ist es schwer dem Boden entgegen, wo ist es leicht in den Raum hinein).

Und genauso wichtig wird er finden, wie das Pferd am Arbeitsplatz ankommt, oder ihn verläßt.

Wenn ein Pferd hochgezogen schwebend und überspannt hereinkommt, läßt es seinen Trainer damit wissen, daß es von Natur oder Gewohnheit aus den Zusammenhang von Ruhe und Kraft nicht kennt.

Es ist eher bereit, in den harten Körper hineinzugehen, also sich unter chronischer Überspannung seiner Muskulatur zu bewegen. Es ist häufig auch eher schreckhaft in der Arbeitssituation oder nimmt frivol sprungbereit die Reiterhilfen vorweg, als daß es auf Sitz und Schenkel des Reiters wartet.

Die Anlehnung an den Zügel und die Reiterhand wünscht sich das hochgezogene und schwebende Pferd, der Leichtfuß, überwiegend konstant warmherzig, sehr leicht, dabei fühlsam und nach vorne hin aufhaltend und aushaltend.

Der Reiterschenkel sollte achtsam, aber konstant Fühlung mit den Pferderippen aufnehmen, ohne das aktive Treiben hochzudosieren, da sich der Leichtfuß im Normalfall eher selber treibt.

Der Reiter sollte dieses Pferd bei sehr freiem beatmetem Bauch und Becken am Sitz halten, ohne es lange Strecken mit dem dynamischen hochgespannten Grundsitz zu befrachten. Statt dessen kann und sollte er Stil- und Sitzarten variieren, also vom Grundsitz zum Entlastungssitz wechseln und vom Kavalleriestand zum Schwersitz (siehe Kapitel Der Grundsitz), denn es neigt dazu, seinen Rücken, seine Hüftgelenke festzumachen und zu strapazieren.

In der Turniervorbereitung möchte der Leichtfuß tendenziell eher zweimal ankommen.

DAS BALANCEKONZEPT

Ein Leichtfuß Satchmo und sein Freund, der "große, schwere" Rübezahl.

Er möchte den Turnierplatz einen Tag vor der Prüfung oder eben schon Wochen vorher einmal gezeigt bekommen, oder er möchte morgens um 5.00 Uhr abgeritten werden, um dann unaufgeregt kaltstarten zu dürfen. Große Familienfeste zu Pferde, Neujahrsausritte in großer Gruppe und ähnliches liebt der 'Leichtfuß' eher nicht, und man sollte ihn damit verschonen. Schließlich tut man ihm keinen Gefallen, wenn er sich aufwendig verausgabt oder durch Überbeanspruchung sogar einen Tick entwickelt.

Doch auch ein solides, jedoch schwerbeiniges Pferd weist seinen Reiter in seine Trainingsbedingungen ein. Es gibt eben Pferde mit sehr viel Ruhe und Solidität zum Boden hin.

Selbst bei großer Begabung dosieren sie ihre Kräfte unaufwendig, gehen oft rhythmisch stark, jedoch ausstrahlungsarm. Den Reiter verleiten sie oft, zum Zornickel zu werden und von allem zu viel Zutaten in die reiterlichen Hilfen zu mischen. Zuviel Hand, zu schwer im Sitz, zu massiv am Schenkel und insgesamt viel zu kraftaufwendig in der Hilfengebung. Wenn der Reiter jedoch lernt, anders zu denken, kann er sowohl intelligenter als auch erfolgreicher reiten.

Wenn er die Erdverbundenheit seines Pferdes schätzen lernt, erspart er sich unnötig lange Phasen, in denen er ins Leere trainiert. Sein Ziel ist schon erreicht. Er vergeudet Zeit und Energie, zum Beispiel mit langem gleichmäßigem Leichttraben oder Ablongieren.

Statt dessen kann er darüber nachdenken, wie er die aufrechten Gefühle in seinem Pferd weckt, den Hang zum Imponiergehabe, die Freude am Tanz mit schwingendem Rücken, die leicht und hoch geführte Schulter mit dem daraus aufmerksam aufgesetzten Hals in seiner guten Kurve in der Halswirbelsäule.

Der Reiter wird dazu nicht monoton sein wollen im Trainingsplan und darum neben viel Abwechslung viele Vorschläge machen für Lektionen in die Erhabenheit und Leichtigkeit hinein, ohne die Vorteile der Erdverbundenheit seines Pferdes ignorieren oder sogar ausmerzen zu wollen.

Es ist also eine interessante und gut erlernbare Aufgabe, mit dem Wissen umzugehen, wie ein uns reiterlich anvertrautes Pferd auf die Erdanziehungskraft reagiert, zum einen vom Grundtypus, Grundbewegungsmuster her als auch innerhalb einer Trainingseinheit oder Lektion.

Wir wissen auch spätestens durch dieses Buch, daß das, was immer wir in Handlung und Bewegung tun, dem Geschehen und der Schwerkraft unterliegt und wir uns darauf einlassen können, sie spielend zu verwalten.

DIE BALANCE VON HINTEN NACH VORNE

Die zweite wesentliche Beziehung von Bewegungsfluß in den Raum hinein ist die Beziehung der Balance von hinten nach vorne. Ich beziehe mich auf das Geraderichten bei Pferd und Reiter. Die Ausrichtung linear geradeaus.

Nach meiner Erfahrung liegt im wesentlichen die Ursache für ungesundes und

Auch so kann man die Beziehung zur Balance von hinten nach vorne einüben.

unschönes Reiten darin, daß Pferd und Reiter nicht spüren, wann sie im Geradeaus nicht im Gleichgewicht sind und ob alles in ihnen, in ihren Gliedern, Nerven und Zellen in diesen Bewegungsfluß von hinten nach vorne hinein will. Wenn die Ausrichtung von hinten nach vorne kurzzeitig stimmig ist, merken sie oft nicht, wann sie diese Qualität bei Richtungsänderungen oder Wechsel der Gangart verlassen, und reagieren nicht rechtzeitig und angemessen.

Sehr wesentlich zu bemerken ist auch, ob das Pferd (und der Reiter) in der gesamten Bewegungsenergie nach vorwärts schwingt oder ob Bewegungsimpulse nach rückwärts oder seitwärts verloren werden.

Zudem können Sie über detektivisch neugierig motivierte Suche herausfinden, in welchen Körperteilen Ihr Pferd (oder die Pferde Ihrer Reitschüler) Bewegung nach rückwärts oder seitwärts auslaufen läßt und und in welchen anderen Körperpartien es versucht, diesen Balanceverlust aufzufangen.

Man kann sehr gut lernen, den unterbrochenen Bewegungsfluß von hinten nach vorne zu beobachten.

Bauen Sie sich dafür eine sogenannte Gasse auf die Mittellinie der Bahn.

Legen Sie etwa 40 cm rechts und 40 cm links neben der Mittellinie der Reitbahn nacheinander folgend je 4 - 6 - 8 Stangen aus.

Reiten Sie dann am hineingegebenen Zügel durch diese Gasse im Schritt, Trab und Galopp, und beobachten Sie, wie Ihre Pferde sich auf diese Längsdehnung und Längsausrichtung einlassen können. Welches Tempo sie dafür wählen, und ob sie dabei abspannen und loslassen können.

Variieren Sie dann die Zügellänge nach Ihren Anfragen an Anlehnungs- und Versammlungsstufen, und wechseln Sie zwischen den Sitzarten Grundsitz, Entlastungs-

FÜR DIE VERWIRKLICHUNG DER BALANCE VON HINTEN NACH VORNE MUSS DER REITER BEMERKEN ...

- ob beide Zügelenden von einer Schnalle aus gleich lang sind

- ob das Pferd Vorderbrust, Hals und Kopf mittig zueinander ausrichtet

- ob das Pferd mit den Hinterhufen in die Spur der Vorderhufe fußt

- ob der Reiter beide Steigbügel gleichmäßig belastet

- ob der Reiter beide Gesäßknochen (Sitzbeinhöcker) gleichmäßig belastet

- ob das Pferd den Sattel und den Reiter einseitig aus der Bewegung heraussetzt

- ob der Reiter generell sehr einhändig ist, z.B. sehr dominant rechtshändig oder sehr dominant im Verhältnis vom Standbein zum Spielbein ist

Pferd und Reiterin schwingen die Bewegung nach hinten aus und verlieren dabei Bewegungsimpulse nach rückwärts.

sitz, Leichttraben, Leichter Sitz und Kavalleriestand.

Beobachten Sie dabei, ob die Balance von hinten nach vorne sich verändert und unter welchen Bedingungen sie stattfindet.

Sie können die Gasse nach und nach bis auf 40 cm Abstand zwischen den Stangen auslegen.

Sie können in der Gasse den Zügel ganz auf den Hals legen. Sie können dafür über manuelle Führung am Pferdekörper arbeiten oder an Ihrem Sitz.

Innerhalb einer Reitstunde könne Sie das Thema der Balance von hinten nach vorne auch variieren, indem Sie im Schritt, bei manchen Pferden auch in einem kleinen gesammelten Trab, vom Hufschlag aus "rechts oder links um" reiten und die Pferde über die Stangen treten lassen.

Verhalten Sie sich dann jedoch vor und über den Stangen in Sitz und Einwirkung passiv-neutral, während Sie vorher Ihre Richtung und den Rhythmus angeschoben haben.

Mit der Arbeit in der "Gasse" diagnostizieren Sie nicht nur die Balance von hinten nach vorne, sondern können sie gleichzeitig verbessern.

Sie schulen dabei die Aufmerksamkeit, die Balance und die Achtsamkeit des Reiters in bezug auf seine Mittigkeit.

Ihre Fortsetzung findet die Arbeit in der Gasse in den klassischen Hufschlagfiguren zur Anordnung gerader Linien:

BALANCE VON HINTEN NACH VORNE

- durch die Länge der Bahn wechseln
- durch die ganze Bahn wechseln
- durch die halbe Bahn wechseln
- auf dem zweiten/dritten Hufschlag geritten
- auf der Pfeillinie geritten
- halbe Bahn

Viel zu häufig sehe ich meine Reiter in der Bahn einfach nur herum- und herumreiten. Nutzen Sie alle Aspekte, die Balance von hinten nach vorne zu überprüfen und zu verbessern.

Reiten Sie durch und über eine Gasse in verschiedenen Sitzpositionen.

Balance von hinten nach vorne

Machen Sie sich das Reiten in der Bahn interessant, indem Sie gerade Linien anstreben, während Sie abwenden (mit dem äußeren Knie am Bahnpunkt) und ankommen (mit dem äußeren Knie am Bahnpunkt).

Fassen Sie das Pferd an, wenn es nicht mehr spurt, d.h. keine mittige Spur mehr findet
- mit den Händen am Hals entlang den Balanceverlust erfühlend
- mit den bewußt und wechselseitig eingesetzten Beinen am Rumpf

Reitergewicht die Hinterhand als Motor des Pferdes beim Vortreten ansprechen.

Alles Training des Pferdes in den von Linda Tellington-Jones entwickelten cirka zehn Bodenpositionen schult die Balance des Pferdes (und des zu Fuß gehenden Reiters) von hinten nach vorne.

Das Pferd wird an der Führkette aus verschiedenen Distanzen gearbeitet und immer in sein verbessertes Gleichgewicht hinein abgefragt. Dadurch verwirklicht sich mehr Gefühl zur Ausrichtung von hinten nach

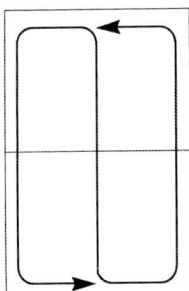 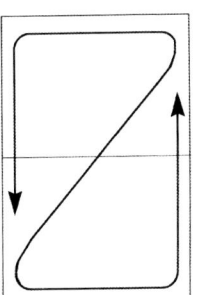 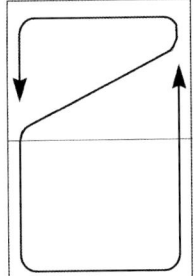 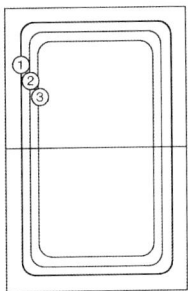

- mit zwei Gerten, je eine rechts und eine links, ausbalancierend abwechselnd an der Schulter und an der Hinterhand

Bereiten Sie Ihr Pferd vom Boden aus vor für die Balance von hinten nach vorne.

Üben Sie mit Ihrem Pferd den Tanz. Lassen Sie es aus der dritten Führposition von Linda Tellington-Jones heraus arbeiten, dem "Dingo", kombiniert mit dem "Sprung des Känguruhs" und dem Tip "Für das Kamel". So heißen diese LTJ-Führpositionen, damit manch einer sie besser behalten kann. Sie werden ursprünglich aus der Bedienung von Führkette und Gerte heraus gearbeitet und dienen dem Gleichgewicht von hinten nach vorne, da sie auch ohne

vorne in den Bewegungsfluß hinein.

Diese Ausrichtung fühlt sich schöner und bequemer an und bringt beim Reiten dadurch mehr Spaß.

Verhaltenheiten und Widersetzlichkeiten lösen sich auf, wenn der Energiefluß von hinten nach vorne stimmig ist. Dadurch kommen Sie unserem Ziel näher, "das Unmögliche möglich zu machen" und ein echtes Reitgefühl zu verwirklichen.

Die Balance von innen nach außen/von außen nach innen

Das Pferd kippt in die Wendung hinein - es ist nicht in seinem ganzen Rahmen in einen Bogen gefaßt.

Wenn Sie in die Gelegenheit kommen wollen, daß Ihr Pferd Sie hinsetzt, also nicht nur in seinen Tiefpunkt, sondern auch über seinen Schwerpunkt bringt, dann sollten Sie lernen, die Balance des Pferdes in der Wendung zu berücksichtigen, zu beobachten, zu trainieren.

Das ganze Pferd ist in der Wendung insgesamt in den Rahmen eines Bogens gefaßt, während es sein Gleichgewicht zu seinem Schwerpunkt hin hält.

Über seinem Schwerpunkt möchte es dann Sie in Ihrem Schwerpunkt ausbalancieren. So fällt es ihm leicht, Ihr Gewicht und Ihr Körpervolumen mitzunehmen und dabei zufrieden und ausdrucksstark auszusehen. Es verbraucht weniger Energie beim Reiten und ist vor Verschleiß eher geschützt.

Wenn Sie sich wünschen, daß Ihr Pferd mit leichtester Hand geritten werden kann, müssen Sie das Gleichgewicht ihres Pferdes von innen nach außen/und von außen nach innen kennen, fördern und alle Anforderungen seinem Kenntnisstand entsprechend gestalten.

Wenn Sie also eine Einschätzung haben, wie sich Ihr Pferd zur Schwerkraft hin verhält und zur Aufrichtung, dann haben Sie eine Vorgabe über die Art von Sattelung und Zäumung und können Ihren Grundrhythmus und Takt in (Los-)Gelassenheit anlegen. Außerdem werden Sie Sitzarten variieren wollen zwischen Leichttraben, Entlasten und Grundsitz.

Dann schauen Sie in die Balance von hinten nach vorne. Wissen Sie dann, ob Sie mit minimalem energetischem Aufwand bei Punkt A abreiten und bei Punkt B ankommen können. Wissen Sie etwas über Ihre eigene Rechts-/Linkshändigkeit und die Ihres Pferdes? Wundern Sie sich, daß Ihr Pferd einfach abwendet, wenn Sie eine gerade Verbindung abreiten wollen?

Wenn Sie dann in die Balance Ihres Pferdes von innen nach außen hineinschauen, haben Sie die Chance, über das Reiten von Wendungen Ihr Pferd geradezurichten, d.h., nacheinander die eine innere Seite des Pferds zu öffnen beziehungsweise zu beugen und danach die andere, um mit feinabgestimmtem Gleichgewichtsgefühl viel besser geradeaus reiten zu können. Beide Körperhälften können dann viel effizienter zusammenarbeiten für den Bewegungsfluß von hinten nach vorne und in der Wendung.

Beobachten Sie Ihr Pferd in seinem Bewegungsgefühl in Wendungen. Lassen Sie es dafür frei laufen ohne Sattel und Trense.

Machen Sie Bewegungsvorgaben an das Pferd, die Rhythmusgefühl und Takt in Losgelassenheit abfragen. Jagen Sie Ihr Pferd nicht hin und her in der Reithalle, dem Round Pen oder Picadero. Vermeiden Sie abrupte Stops.

Ihr Ziel sollte sein, das angewöhnte Bewegungsrepertoire Ihres Pferdes in der Wendung nach rechts und links zu beobachten.

Fördern Sie dann das um Wahlmöglichkeiten erweiterte Bewegungsrepertoire, indem Sie Ihr abgedehntes, im Rücken schwingendes Pferd über Lob ermutigen und diese Stimmung und Haltung mit häufigem Einsatz von Pausen verstärken.

Verzagen Sie nicht, wenn Ihr Pferd kopflos in der Bahn herumjagt. Sie haben dann Gründe, diese Übung zu wiederholen.

Wenn das Pferd ausbalanciert in die Wendung hineingeht, ist das ein rhythmischer Prozeß.

Auf der Innenseite beugt es sich in dem Maße, wie es sich auf der Außenseite dehnt.

Im Mähnenkamm stellt es sich muskulär zur Bewegungsrichtung hin nach innen ein.

Reiten Sie langsamer, wenn es das nicht tut, und helfen Sie ihm mit Körperarbeit beim Reiten in Form einer Massage des Mähnenkammes. Überprüfen Sie gleichzeitig Ihre Zügellänge und Zügeleinwirkung.

Wenn Sie in die Wendung reiten, können Sie sich vorstellen, selber in allen Phasen einen Bogen zu laufen. Ihr Pferd und Sie laufen also, als seien sie verwachsen.

Stellen Sie sich jetzt vor, Sie - oder Ihr Pferd - oder Sie und Ihr Pferd sind in einzelnen Körperpartien gegen die Bewegungsrichtung eingestellt. Das Pferd fällt beispielsweise in der Wendung auf seine innere Schulter, während Sie links in der Hüfte einknicken und die innere Schulter dabei hochziehen oder die äußere Schulter hinter der Bewegungsrichtung lassen. Stellen sie sich vor, Ihr Fahrrad fährt nach links, während Sie rechts um die Kurve wollten. Dieses Gefühl ist unbequem, verunsichernd und ungesund. Lassen Sie sich also darauf nicht ein. Machen Sie sich auf die Suche nach zentrierten Wendungen. Gehen Sie dabei detektivisch vor, und lassen Sie sich Zeit, überreiten Sie nicht einfach das Problem. Wenn Sie im Sinne eines Dr. Moshe Feldenkrais eine Bewegungsabfolge erspüren und untersuchen, sollten Sie sich die Ruhe und die Zeit nehmen, sich auf Wiederholungen einzulassen. Über vergleichende Erfahrung können Sie dann selber bewerten, welche Wendungen Ihnen angenehm und wiederholenswert erscheinen.

Es gibt eine Reihe von Übungen, um das Gleichgewicht in den Wendungen anzulegen. Überprüft und geschult wird dabei die Längsdehnung der Pferdeaußenseite, deren Längenbedarf vom Reiter häufig unterschätzt wird.

Des weiteren ist zu achten auf die Beugung der Innenseite, die oft von einem tonnenartigen, fest verhaltenen Rippenbogen des Pferdes blockiert wird.

Balance von innen nach aussen

Das Pferd ist einmal in der Wendung und einmal gegen die Wendung zentriert. Der kleine Flemming sitzt optimal in die Wendung hinein.

Ein häufiger Reitfehler liegt darin, das Lenken des Pferdes vornehmlich über Zügeleinwirkung zu definieren und dabei unbewußt und unreflektiert ein jeweiliges Hinterbein zu blockieren und an seinem Vortreten in Beziehung zum Schwerpunkt zu hindern.

Reiten Sie auf gebogenen Linien zuerst einmal lange Zeit am hingegebenen Zügel, d.h., der Zügel wird an der Schnalle angefaßt.

1. Übung

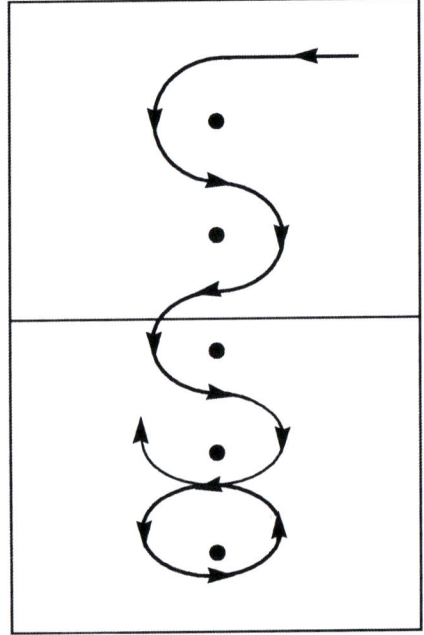

Stellen Sie sechs bis acht Tonnen auf die Mittellinie als Slalom. Reiten Sie diesen Slalom im Schritt und im Trab aus dem Sitz heraus mit minimaler beziehungsweise ohne Zügeleinwirkung. Überprüfen Sie dabei Ihren Sitz und wechseln Sie die Sitzarten. Untersuchen und beobachten Sie, unter welchen Bedingungen Ihr Pferd die Verbindung von äußerer Hinterhand zur inneren Vorhand optimal anlegt.

2. Übung

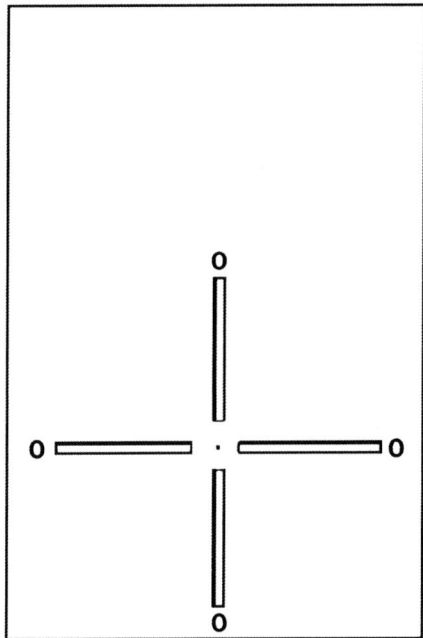

Stellen Sie eine Tonne in die Mitte. Legen Sie ein Stangenkreuz aus im Abstand von ca. 80 cm von der Tonne.

Legen Sie am Ende jeder Stange eine Tonne so aus, daß man zwischen Stange und Tonne hindurchreiten kann.

Reiten Sie dann Ihre Kreise
 a) um die innere Tonne
 b) über die Stangen
 c) außen an den Stangen entlang
 d) außen um alle Tonnen herum
 e) außen um jede Tonne herum
 f) von außen über jede Stange
 g) von außen um die Stangen herum

Über die ausgelegte Figur bekommen Sie viele Balancehilfen. Sie brauchen im ersten nicht mehr eine so starke Vision des runden Kreises zu haben.

Zudem haben Sie eine Anordnung von Balancepunkten zur Verfügung, die Ihnen hilft, die Qualität dessen zu bewerten, wie Sie und Ihr Pferd sich auf die Kreislinie einstellen können. Sie haben dann Zeit und Ruhe für Wiederholungen, um einander ähnliche Gestalten einer Bewegungen vergleichen zu können.

3. Übung

Schrittübung auch mit dem Übergang zum Galopp.

Reiten Sie ein Viereck im Schritt, bei dem Sie die vier Zirkelpunkte in geraden Linien miteinander verbinden.

Achten Sie darauf, wie die Wendungen von der äußeren Hinterhand des Pferdes aus eingeleitet werden und wie sparsam dazu alle Hilfengebung sein kann.

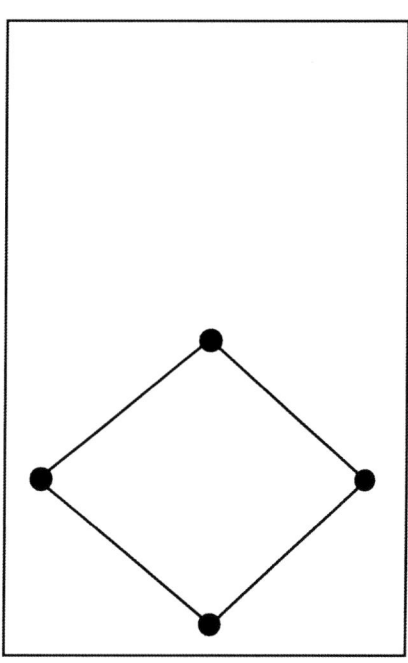

4. Übung

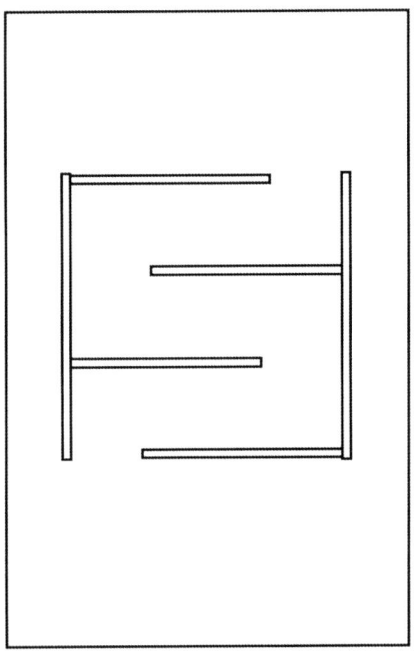

Legen Sie das von Linda Tellington-Jones konzipierte Labyrinth aus:

Sechs Stangen im Abstand von ca. 1,10 m in folgender Konfiguration:

Die Arbeit im Labyrinth ist dann interessant, wenn Sie die Beziehung zur Schwerkraft Ihres Pferdes kennenlernen und einüben wollen.

Sie ist wichtig zur Überprüfung der Kopf-Handkoordination des Pferdes in der allerengsten Wendung nach rechts oder links, die im Labyrinth vorgegeben wird.

Das Labyrinth wird im versammelten Schritt oder in halben Tritten geritten, während innerhalb der Aufgabe fünf- bis sechsmal angehalten wird. Dabei bekommt der Reiter die Gelegenheit, sich wie ein Balletttänzer hoch und leicht auszubalancieren, während er im geerdeten Fuß nacheinander den Boden bzw. den Steigbügel sucht.

Nach der hohen Versammlungsstufe im Labyrinth kann der Reiter beim Herausreiten die Zügel hingeben oder das zum Galopp angelegte Gleichgewicht herstellen und aus dem Labyrinth heraus angaloppieren.

5. Übung

Aufgestellte Tonnen, Bauhütchen oder andere Gerätschaften, die in der Reitbahn herumliegen, sind erstklassige Balancehilfen zum Reiten von Wendungen.

So kann ich z.B. drei Tonnen wie folgt aufstellen.

Reiten Sie auf die Mittellinie bis A. Machen Sie Volte nach rechts - Mittellinie - Volte nach links - Mittellinie - Volte nach

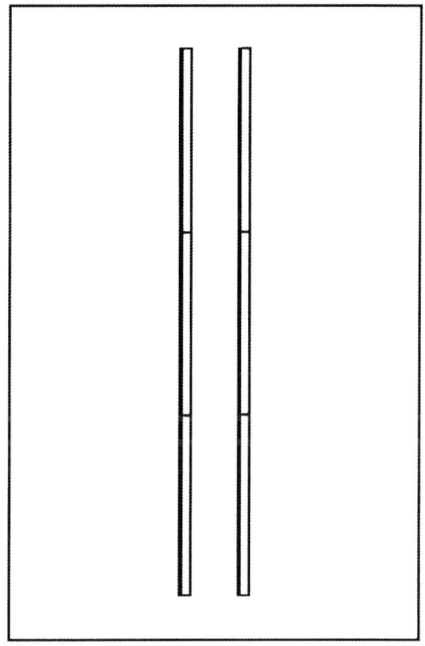

rechts - Mittellinie - und rechts oder links angaloppieren, je nachdem, wohin der Galopp disponiert ist.

Machen Sie diese Übung aus dem Schritt und aus dem Trab. Nehmen Sie sich Zeit, in die Wendung hineinzufühlen.

Ihr Anliegen ist es herauszufinden, in welcher Weise Sie mit Ihrem Pferd in Einklang sind. Jede Zelle in Ihrem Körper und jeder Gedanke im Pferdekörper sind wendig und dabei leicht an den Hilfen.

6. ÜBUNG

Zusätzlich schätze ich sehr das Repertoire von Biegeübungen mit dem Pferd, das uns das konventionellen Reiten anbietet.

Schlangenlinien durch die Bahn und an den langen Seiten, Volten und Zirkel, Mittelzirkel, Kehrtvolten und Achten bieten reichlich Gelegenheit, Wendungen in ihrer Qualität zu verbessern.

Ich unterbreche diese Übungen jedoch oft mit den konventionellen Übungsvorgaben zum Reiten von Wendungen, um Pferd und Reiter von vorher festen Gewohnheiten bestimmten Formen zu entlasten. Das betrifft Sitzeinwirkung und Hilfengebung genauso wie die Vision der Figur, die ich reiten will und die rund ist.

Wenn Sie Ihr Pferd in seinem Gleichgewicht in Wendungen im Freilaufen gesehen haben und im Reiten gefühlt haben, können Sie über die Arbeit an der Longe eine Brücke zwischen beiden Belastungsstufen bauen. An der Longe mit Führkette, im Freilongieren oder an der klassischen Longe mit dem ausgebundenen Pferd kön-

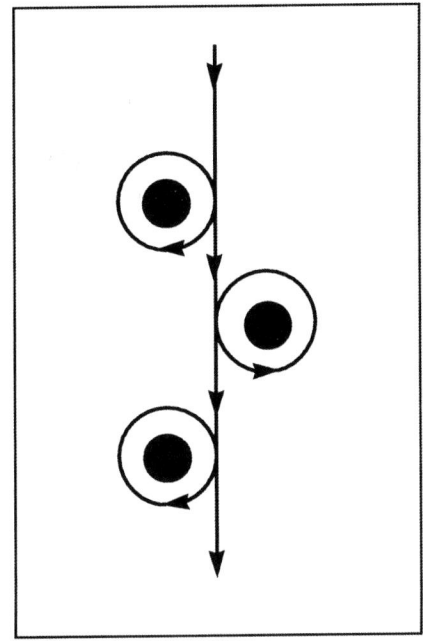

nen Sie das Zusammenspiel der Innenkräfte mit den Außenkräften auf der Kreislinie fühlen und respektieren lernen.

Wenn Sie daran kein Interesse haben, brauchen Sie nicht zu longieren und sollten Sie nicht longieren.

Auf der engen Kreislinie ruinieren Sie dann nur die Gesundheit Ihres Pferdes. Außerdem entfernen Sie es dabei von seinem Schwerpunkt. Sie arbeiten es in 'zwei Teile' - 'nach hinten heraus' - 'in die Schiefe' - oder in die Festigkeit hinein.

Wenn Sie jedoch das Balancekonzept zur Hilfe nehmen, haben Sie viele Möglichkeiten, ein Gleichgewichtspferd heranzubilden, in dem Sie auf den Schwerpunkt zuarbeiten. Und das sowohl im Beobachten des Pferdes, im Erfühlen der Bewegungsrichtung als auch im Erahnen der Wechselkräfte zwischen Erdverbundenheit und Leichtigkeit. Das alles vor dem

Balance von innen nach aussen

Der freie Ellenbogen bei Pferd und Reiter darf in neugierig, gelassener Aufmerksamkeit zum spanischen Schritt hinter dem Haus ermutigen.

Hintergrund aller Berücksichtigung von körperlicher und psychischer Losgelassenheit. Dadurch entsteht nicht nur der liebevolle und sachgerechte Umgang mit den Entfaltungsbarrieren Angst und Müdigkeit. Daraus folgt auch eine intelligentes, abwechslungsreiches Konzept im Trainingsaufbau vom Abschnitt einer Stunde, eines Wochen- oder Jahresplanes.

Über ein wholistisches Balancekonzept wird die Arbeit in der Bahn
  körperfreundlicher,
  intelligenter,
  durchschaubarer.

Aus diesem Blickwinkel heraus eine Reiteinheit zu betrachten fördert die eigene Lern- und Lebensperspektive.

Das Balancekonzept ist von daher mehr als eine Reitstunde. Es regiert das Gleichgewicht unterstützend, in das ganze Reiter-

Auch dieses Pferd braucht Ruhe und Losgelassenheit für die Balance in der Wendung, da es sich im Rippenbogen und in der Halswirbelsäule festmacht.

leben hinein. Im Wechsel von Trance, Meditation, guter Grundspannung und gerechtem Zorn kann jeder Reiter lernen, den Energiehaushalt sowohl der chronischen Verfassung als auch der aktuellen Situation in bezug auf Kondition und Konstitution bei sich und bei seinem Pferd zu erkennen, einzuteilen und zum Gleichgewicht hin zu bearbeiten.

Der Grundsitz des Reiters

Eine der größten Herausforderungen für den Reitlehrer und für den Reiter an sich selber - ist der Grundsitz zu Pferde.

Das Ideal wird so oft beschrieben und von der ersten Reitstunde an vorgestellt, angelegt und immer wieder korrigiert.

Das Ergebnis ist häufig die für Pferd und Reitlehrer frustrierende Bemühung des Reiters, sich auf dieses Idealbild einzurichten. Was dabei herauskommt, ist meistens für Pferd und Reiter körperlich sehr ermüdend. Und nicht nur das: Vielmehr werden auch noch alle Bewegungsabläufe und die hin- und herflottierenden Schwingungsimpulse nachhaltig gestört.

So ist die Vermittlung des Idealbildes natürlich in keinem Reitunterricht gemeint.

Niemand möchte dem Reitschüler die Erfahrungswelt - vom schwingenden Pferd beflügelt - getragen zu werden, vorenthalten.

Wo aber liegt dann die Schwierigkeit? Wir sind doch eine sportliche und aktive Nation?

Von M. Feldenkrais her gedacht hat die Variierung in der Position des Grundsitzes mehrere Gründe. Das Sitzideal des klassischen Reiters ist sowohl ästhetisch als auch praktisch

a) wenn das Pferd den Reiter hinsetzt, losgelassen und im Gleichgewicht mit dem Reiter in seinem Tiefpunkt und über seinen Schwerpunkt

b) wenn der Sattel den Reiter hinsetzt
- er paßt dem Pferd
- er veranlaßt beim Reiter einen ausbalancierten Sitz zum abgeforderten Reiten.

c) Nur über den eigenen freien Körper ist

der Reiter in Lage, auf einem zu ihm passenden Pferd und Sattel dem Idealbild vom klassischen Grundsitz zu entsprechen.

Und jetzt sagen Sie selber: Wie oft kommen die drei Komponenten a), b) und c) zusammen, bzw. haben Sie sie als Basis für den korrekten Grundsitz überprüft?

Im allermeisten Fall sieht die Realität anders aus:

zu a) Das Pferd ist in sich steif und schief, setzt somit den Sattel und den Reiter immer wieder schief hin und aus der Bewegung heraus.

zu b) Die Sättel passen nicht auf das jeweilige Pferd. Sie hindern es an freier Bewegung und/oder setzen den Reiter hinter die Schwerlinie und den Schwerpunkt.

zu c) Wenn es viele freie Körper gäbe in unserer Leistungsgesellschaft, gäbe es weniger Beschwerden über Rückenschmerzen, Migräne, Krampfadern, Schulter-Nackenverspannungen etc.

Wenn also diese vielen Menschen mit diesen und anderen vielen Beschwerden herumlaufen, wie - glauben Sie - können Sie das zugegebenermaßen ästhetisch erstrebenswerte und praktisch sinnvolle Idealbild vom Grundsitz des klassischen Reiters umsetzen?

Eben! So ist es. Gar nicht!

Um annähernd so auszusehen, wie es dem Idealbild entspricht, halten Sie sich in den häufigsten Fällen klammheimlich und möglichst unauffällig am Zügel fest oder klammern mit den Schenkeln am Pferd oder sitzen unangemessen schwer in die Wirbelsäule des Pferdes ein.

Bei Ihnen ist das nicht so?

Reiten mit Halsring

Ich lade Sie ein, das zu überprüfen.

Reiten Sie Ihr Pferd ohne ein Kopfstück nur mit einem Halsring.

Geht es in allen drei Grundgangarten in der Bahn und auf der Koppel genau dahin, wohin Sie wollen.

Öffnen Sie Ihre Beine mit den Steigbügelriemen nacheinander oder gleichzeitig weit nach rechts und links. Fühlen Sie sich noch sicher und ausbalanciert? Auch im Trab und Galopp?

Oder wechseln Sie spielerisch in allen Sitzvariationen hin und her.

Oder gehen Sie in die Siegerposition, einen ausbalancierten Stand über all Ihren geöffneten Gelenken. Fühlen Sie sich dabei wohl und sicher?

In den meisten Fällen kommt den Reitern ein solch variabler Umgang mit Sitz und Einwirkung verunsichernd und fremd vor. Das spielerische Einüben von Variations-

Der Grundsitz

Das Sitzideal des klassischen Reiters ist sowohl ästhetisch als auch praktisch - hier Frank Eckerlin, Freiburg, auf Fips.

breiten im Grundsitz zum jeweiligen Pferd oder Sattel hin fehlt. Es fehlt die Freiheit der Wahl, wie sich anzuordnen wäre, um zentriert, geerdet und gerichtet zu sein zu den jeweilig vorgegebenen Bedingungen zu Pferde im Halten und in Bewegung.

Reiten Sie Ihr Pferd zur Abwechslung mit einem Halsring und dann wieder gezäumt.

Was ist der Grundsitz?

Bei all den zuvor beschriebenen Schwierigkeiten, überhaupt zu einem guten Grundsitz zu kommen, ist die Beantwortung der Frage, welches nun der richtige und echte Grundsitz ist, irrelevant und bedrückt mich in meinem Reitunterricht nicht.

Trotzdem habe ich mich entschieden. Wenn alle vorher beschriebenen Faktoren ideal wären in bezug auf Schwerkraft, Sammlung um den Schwerpunkt und Aufrichtung, ich meine das ausbalancierte Pferd und den ausbalancierten Sattel mit dem (los-)gelassenem Reiter im freien Körper.

Dann entscheide ich mich dafür, den in der Schwerlinie sitzenden Reiter nicht nur als ästhetisch, sondern auch als effektiv zu empfinden. Der Reiter sitzt dann absolut mittig in der Lotlinie Innenohr-Hüfte-Mittelfuß als senkrechter Verbindung zur Bahn.

Sally Swift beschreibt in ihrem Buch vom Centered Riding drei Seifenblasen, die übereinander ausbalanciert werden. Um sich als Reiter bewegungsgerecht verhalten zu können, sollten Sie dann im Balancesitz zu Pferde sein.

Sie folgen damit denselben Gesetzen wie beim Startsprung ins Schwimmbecken, hinter dem Tennisnetz und im Fußballtor, beim Skilaufen, Surfen oder Dirigieren eines Musikorchesters. Sie befinden sich mit dem dynamischen Schwerpunkt über dem tragenden Teil des Fußes. Ihren Oberkörper richten Sie dazu in seiner rechten und linken Seitigkeit und in seiner Vor- und Rückbalance mittig aus, passend zur Ruheposition oder der Bewegungsdynamik, in der Sie stehen.

Ich glaube an die Empfehlung dieser Position als Ideal, da ich aus der Feldenkraislehre gelernt habe, sie zu Fuß als praktisch zu bewerten. Sie ermöglicht einen leichten und effizienten Stand und Gang ohne Verschleiß oder Rückenschmerzen in bester Reaktions- und Anpassungsbereitschaft zu neu abgefragten Bewegungsrichtungen oder -kräften hin.

Wenn Sie diese Empfindung von der Lotlinie, in der wir stehen, kennenlernen oder teilen mögen, können Sie folgende Übung versuchen:

Stellen Sie sich auf eine freien Platz im Raum bequem hin. Machen Sie dann den Ansatz von einem winzig kleinen Sprung über eine gedachte Linie am Boden. Halten Sie sich vor dem Absprung selber auf. Wahrscheinlich stehen Sie jetzt anders als vorher und ungefähr in der Schwerlinie.

Wiederholen Sie diese Orientierung im Raum zu sich selber hin, wenn Sie Ihnen noch sehr fremd vorkommt.

Schauen Sie sich dann an, wie Sie stehen.

Der Grundsitz

Der Grundsitz

Welcher Teil der Füße trägt? Wie weit auseinander und in welcher Beziehung zum Becken stehen die Füße? Sind Sie in den Knien etwas gelockert? Wohin halten Sie die Schultern und den Kopf? Wie ist die Neigung Ihres Beckens? Wohin atmen Sie?

Stellen Sie sich dann vor, Sie stünden in der Mitte eines Kreises, ähnlich dem Zifferblatt einer Uhr. Von Ihrem Schambein aus abwärts führt ein Lot zum Boden. Das ist Ihr Ausgangspunkt, vielleicht Ihr Mittelpunkt. Insgesamt erprobend, allmählich und zeitlupengleich, pendeln Sie vor und zurück über den Fußgelenken, während Sie mit den Füßen stehenbleiben.

Wie weit pendeln Sie auf einer geraden Linie genauso weit vorwärts wie zurück? Wie weit innerhalb dieser Pendelbewegung fließt der Atem frei? Spüren Sie, wieviel außerdem in Ihrem Körper an der Bewegung beteiligt ist? Wiederholen Sie diese Bewegung in ihrer Allmählichkeit 5mal, 10mal, 20mal, 300mal, 3000mal. Unterbrechen Sie sich mit häufigen Pausen, um Ihre Aufmerksamkeit zu erneuern, um etwas über Ihre Bedürfnisse zu erfahren in bezug auf Selbstkorrektur, Balance oder Ruhe, und fangen Sie die Bewegung neu an.

Sie können auf diese Bewegungserfahrung zehn Minuten verwenden oder eine Stunde wiederholt an vielen Tagen.

Sie können viel über sich erfahren in Ihrer Balance zwischen Ferse und Vorderfuß, und auf welche Partie im Fuß Sie sich bisher im Stand verlassen haben.

Pendeln Sie dann entsprechend über dem Fußgelenk nach rechts und links. Allmählich, zeitlupengleich und aufmerksam. So finden Sie heraus, wo Ihre Standbeinseite ist und können einen Mittelpunkt auch nach rechts und links herausfinden.

Sie haben jetzt vier Endpunkte durch einen Mittelpunkt, die Sie miteinander verbinden können, sowohl in einer Kreuzlinie als auch in einer Kreislinie über dem gedachten Zifferblatt am Boden.

Mit Geduld und Wiederholung können Sie über diese Übung meine Empfindung teilen, daß der Balancestand am Boden dem klassischen Grundsitz beim Reiten entspricht, also der lotrechten Verbindung Schulter-Hüfte-Mittelfuß in der absoluten Mittigkeit des Reiters horizontal und lateral über dem Pferd.

Gelehrt wird häufig der Grundsitz mit der

Der Balancestand

senkrechten Verbindung Schulter-Hüfte-Absatz. Ich habe nichts gegen diese Anordnung der Glieder. Sie ergibt schon ein ziemlich gutes Bild und ist daher auch vorbildlich. Häufiger erwische ich mich unter nicht idealen Begleitumständen selber in dieser Position zu Pferde. Sie ergibt sich wohl leichter aus ummuskelten Hüftgelenken oder Rückenpartien des Reiters. Diese

Position ist immer schwerer im Rücken des Pferdes und daher nur punktuell tolerabel.

Ich sehe es am liebsten, wenn man den Reiter in Ruhe läßt, und er kann sich hinsetzen, wie er will.

Begründung:

Wenn der Reiter losgelassen und angstfrei ankommt, setzt er sich - ohne Sattel - schön seinem körperlichem Vermögen entsprechend in sein Gleichgewicht, wenn ich ihm genügend Zeit dafür gebe und warte.

Mit Sattel stützt dann der Steigbügel die Position des Reiters im Sinne von mehr Erdung - und der ausbalancierte Sattel wiederum die Wirbelsäule des Reiters für mehr Aufrichtung, wenn ich wieder genügend Zeit dafür gebe und warte.

Millionen Reiter haben so das Reiten gelernt. Kinder, Indianer, Zigeuner, Bauern und andere.

Im Laufe der Jahrhunderte haben sich daraus Reitstile, Reitkulturen entwickelt mit ihrer eigenen Version vom erforderlichen Grundsitz. Man denke an das höfisch-barocke Reiten, den Gangartensitz oder den Sitz auf dem Arbeitspferd des Westernreiters wie dem Cutting Slump, einem wunderbaren, schweren, abgerundeten Sitz mit abgekipptem Becken, der vom klassisch gelehrten Ideal des Reitsitzes erheblich abweicht. Er ist jedoch sicher der richtige, bewährte Stil, in dem das Pferd ein Aussortieren von Rindern aus der Herde störungsfrei schaffen kann.

Ich halte mich gar nicht dabei auf, alle diese Grundsitzformen als richtig oder falsch zu bewerten. Sie haben ihre Bewährung in der Praxis und ihre Liebhaber.

Der Natursitz

Den von mir bevorzugten Grundsitz des Reiters in seinem Schwerpunkt und in seiner Schwerlinie Innenohr-Schulter-Hüfte-Mittelfuß lehre ich

a) gar nicht, sondern warte ab, was der Reiter sich an Grundbalance vom Bewegungsablauf des Pferdes her holt und ob sich da etwas ändert in meinem Sinne;

b) ich versuche dem Reiter die Erfahrung über seinen eigenen freien Körper zu vermitteln;

c) ich lehre den Reiter mit und ohne Sattel die nach vorne ausfühlende Hand beim Reiten in der Grundannahme, daß alle Reiter reflexhaft und automatisch in einen starr reagierenden und unbedachten Haltemechanismus hineinkommen, sich am Zügel klammheimlich festhalten - wie seinerzeit

Der Grundsitz

Das höfische Reiten hat eine andere Sitzkultur entwickelt...

... als der Westernreiter.

DER GRUNDSITZ

Ich erziehe als erstes die nach vorne ausfühlende Hand des Reiters.

Entfaltung vom guten Grundsitz in einem freien, losgelassen Körper.

Ich erziehe daher als erstes bei den kleinen und großen Reitern mit und ohne Sattel die Handöffnung - Handatmung in der energetisch frei fließenden Schulter-Ellenbogen-Hand-Pferdemaulverbindung in Beziehung zu Halswirbel- säule und Genick des Pferdes;

d) ich gebe dem Reiter eine gute Grundsitzerfahrung über Sitzübungen an der Longe an einem gut ausgebildeten Pferd unter Berücksichtigung des vorher beschriebenen Balancekonzeptes;

e) ich arbeite kompetent im Raum bzw. im angestrebten Grundsitz auf dem haltenden Pferd am freien Körper des Reiters. Ich nehme dafür abwechselnd manuelle Führung und verbale Anleitung zu Hilfe.

Zumeist gilt jedoch der alte Lehrsatz: "Reiten lernt man nur durch Reiten." Ich gebe dem Reiter Zeit und Ruhe zu Pferde. Mich stört es lange nicht, besonders in der passiven Phase, wenn der Reiter krumm sitzt, etwas zu schwer oder etwas zu spaltsitzig.

wir, die Affen, die vom Baum gefallen sind und die Hände dabei sofort vor dem Brustkorb zurückgenommen haben, um ihre Innereien vor dem Aufprall zu schützen. Kopf zum Knie und Knie zum Kopf.

Oft ist nur mit Übung dieser Haltereflex beim Reiter erkennbar. Er stört jedoch die

**ICH ERZIEHE MIT UND OHNE SATTEL IN ERSTER PRIORITÄT DIE NACH VORNE AUSFÜHLENDE GEÖFFNETE HAND DES REITERS ZUM BEWEGUNGSFLUß UND ZUR BEWEGUNGSRICHTUNG HIN.
DANN LEHRE ICH DIE REITER DAS CENTERING.**

DER FREIE KÖRPER

Erst wenn ich die Haltung und den Gebrauch der Techniken der feinen Reiterhand entwickelt habe, befasse ich mich mit dem Grundsitz des Reiters in seinem freien Körper.

Nur dann, wenn dem Reiter nicht bequem ist, oder dem Pferd, und er nicht gewaltlos oder angstfrei reiten kann, oder nur dann, wenn das jeweilige Pferd unter dem Sitz des Reiters leidet, d. h. klemmig geht, oder Informationen nicht versteht oder nicht verarbeiten kann, die aus der Sitzeinwirkung des Reiters gegeben werden.

DIE FEINABGESTIMMTE HAND

In verschiedenen Reitkulturen werden verschiedene Handhaltungen und ein unterschiedlicher Gebrauch der Zügeleinwirkung gelehrt.

Reitmeister, die ob ihrer feinen Hand - dem Zauberhändchen - gerühmt werden, bedienen sich unterschiedlichster Techniken und auch Zäumungen für die Feinabstimmung der Hände beim Reiten.

Unterschiedliche Pferde fühlen sich sicher und bequem in ihrem Körper, wenn sie aus individuell abgestimmten Handtechniken geritten werden.

Unterschiedliche Reiter können nur 'weich' sein zum Pferdemaul hin, wenn Sie in verschiedener Weise die Hände einsetzen dürfen.

Aus der Feldenkraislehre wissen wir, daß nicht eine vorgegebene Form uns zur Weiterentwicklung hilft, sondern viele verschiedene Wahlmöglichkeiten zu haben,

FEINABGESTIMMTE HAND

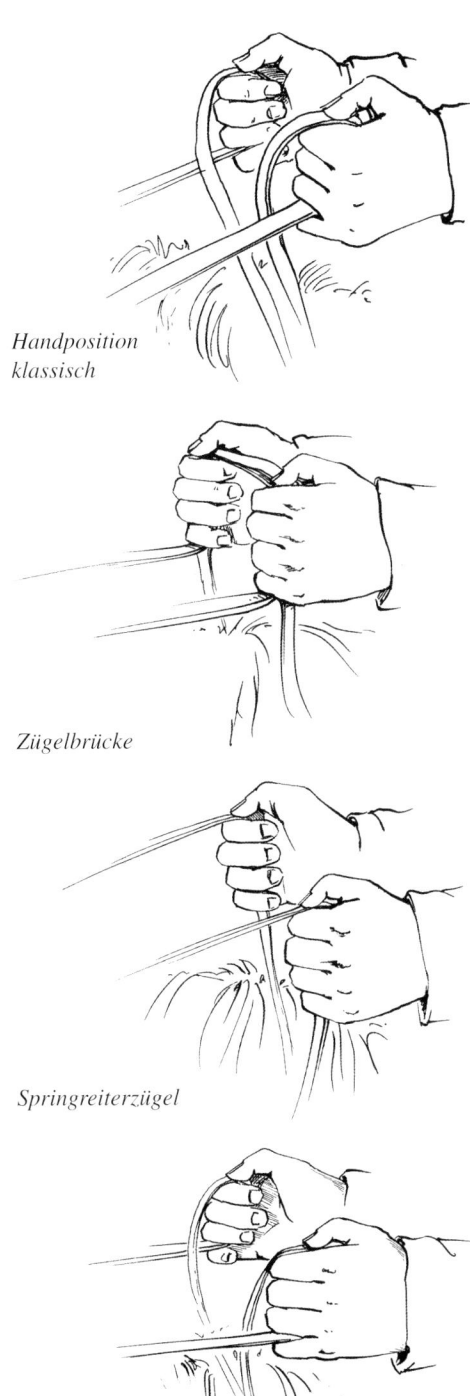

Handposition klassisch

Zügelbrücke

Springreiterzügel

Tellington-Zügelführung

was den Lernprozeß einleitet und Wachstum fördert.

Ich lehre daher die nach vorne ausführende Reiterhand in mehreren anerkannten Techniken:

DIE GRUNDPOSITION

Die Grundposition der Reiterhand wird gelehrt eine Handbreit über dem Widerrist.

Die Hände sind dabei etwa eine Handbreit auseinander, die Faust ist (sachte) geschlossen, die kleinen Finger zeigen etwas gegeneinander, die Daumen liegen dachförmig obendrauf.

Vorteil: Bei weicher Handhabung ist die stetige Ruhe dieser Handhaltung optimal, wenn die Energie vom Schwerpunkt des Reiters aus zum Pferdemaul ungehindert durchfließt, während bei entspannter Schulter und entspanntem Oberarm, der Unterarm, der Handrücken und die Zügel eine Linie zum Pferdemaul bilden.

Nachteil: Meistens ist diese Handposition hart im Pferdemaul, und der Reiter wirkt rückwärts ein. Er hält sich mehr oder weniger unauffällig an den Zügeln fest, da er aus Lebensmustern und chronischen Fehlspannungen nicht zu seinem freien Körper kommt und die Bewegung des Pferdes daher nicht sitzen kann.

Fazit: Ich lehre diese Handtechnik nicht, jedoch stelle ich sie vor und freue mich, wenn ich sie in guter Ausformung sehe. Ich verhindere sie nicht, wenn sie mir aus natürlichem Reitgefühl heraus dem Pferd gegenüber vorgeschlagen wird. Ich unterstütze diese Handhabung der Zügel, indem ich beispielsweise den Schülern zwei kleine

Tellington-Zügelführung

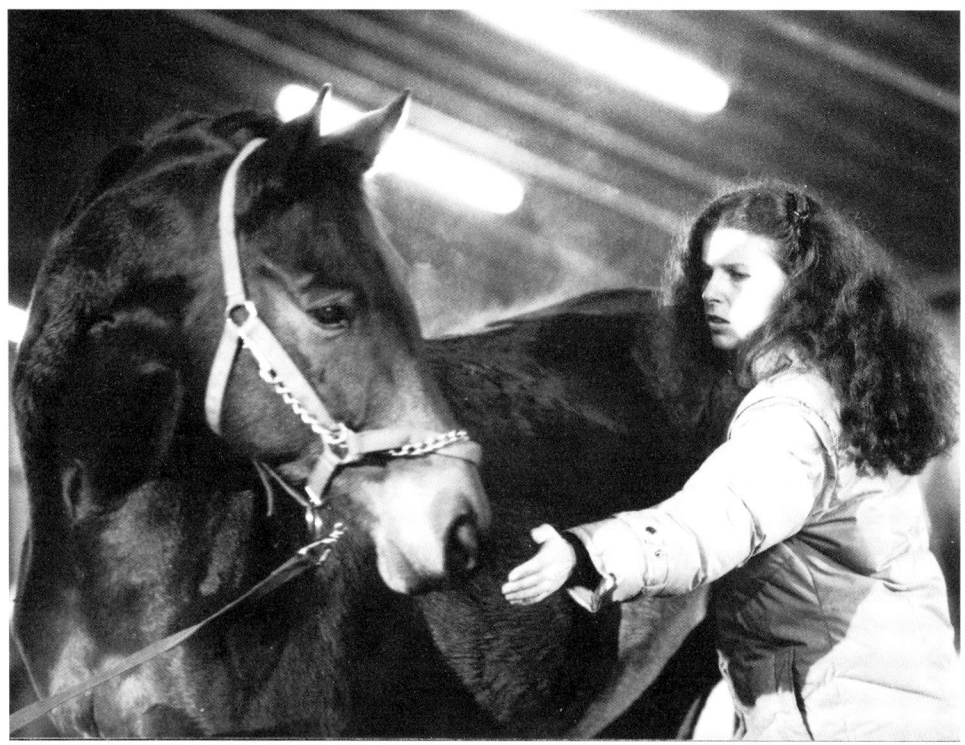

Ich lehre die nach vorne ausfühlende Reiterhand in mehreren anerkannten Techniken.

Schwämmchen in die Hand gebe, damit der Reiter selber erkennen und bewerten kann, ob er auf einer mehr krampft als auf der anderen. Die amerikanische Reitlehrerin Sally Swift lehrt in dieser Handposition, über die Vorstellung zu arbeiten, zwei Vögelchen säßen in jeder Hand und wollten nicht zerdrückt und auch nicht freigelassen werden.

Die Tellington-Zügelführung

Die amerikanische Feldenkraislehrerin Linda Tellington-Jones hat mir in der von ihr entwickelten TTEAM-Methode eine andere Handtechnik vorgestellt.

Dabei werden alle Finger im ersten und zweiten Gelenk nach dem Fingernagel abgewinkelt. Der Handrücken bleibt gerade, während alle Finger einzeln nacheinander auf dem Zügel Klavier spielen können.

Aus dem Handgelenk heraus kann ein leises Zittern, eine minimale Vibration aus den Fingergelenken heraus eventuell fest gewordene Impulse auflösen.

Vorteil: Diese Handtechnik ist in sich sehr differenziert und leicht erlernbar. Über diese geöffnete Handhaltung wird gleichzeitig eine Körperhaltung trainiert.

Nachteil: Die Grundspannung in der Hand ist etwas höher als bei der ersten Technik. Konventionelle Reiter und Turnierrichter mögen die "offene" Hand nicht

KLASSISCHE KANDARRENHALTUNG

EINE KLASSISCHE KANDARRENHALTUNG ODER DER SPRINGREITERZÜGEL

Der Zügel läuft von unten nach oben heraus durch die ganze Hand und wird zwischen Daumen und Zeigefinger festgehalten. Sie können auch in der einen Hand den Zügel so führen und in der anderen Hand die klassische Grundposition einnehmen.

Vorteil: Diese Handtechnik wird von vielen Pferden als sehr weich empfunden, sie reagieren darauf mit einem freien Körper. Kinder halten spontan den Zügel lieber so, und auch bei Erwachsenen löst diese Hand-

Hier sehen wir eine rückwärts/aufwärts und eine rückwärts/abwärts geführte Reiterhand.

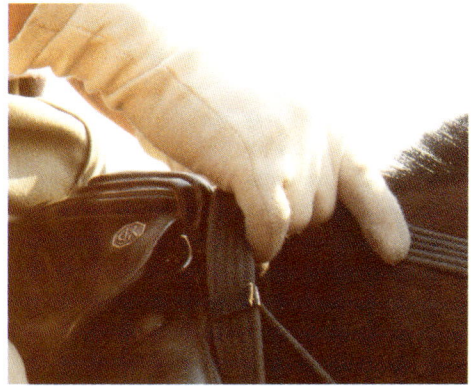

Der Springreiterzügel in der für die Dehnung des Pferdes ermutigenden Position rechts und links des Widerristes.

sehen und geben Punktabzug.

Fazit: Die meisten Pferde empfinden die Tellington-Zügelführung als angenehm besonders im ersten Stadium der Ausbildung, während in die Dehnungshaltung hineintrainiert wird. Jeder Reiter sollte diese Handtechnik kennen und einsetzen können. Sie eignet sich auch insbesondere beim Reiten mit scharfen Gebissen und den geteilten Zügeln.

haltung meistens weniger Verkrampfungen in der Schulter-Ellenbogen-Hand-Pferdemaul-Verbindung aus.

Nachteil: Diese Zügeltechnik ist nicht mehr weit verbreitet, hat wenig Ansehen und löst regelmäßig besserwisserische Zuschauerkommentare aus. Sie ist weichfließend, jedoch weniger differenziert als andere Techniken.

DIE ZÜGELBRÜCKE

Rückwärts-aufwärts einwirkende Reiterhand

Fazit: Ein Muß für alle Reiter, die lernen wollen, mit weicher Hand zu reiten.

DIE ZÜGELBRÜCKE

Bei der Zügelbrücke werden der rechte und der linke Zügel über dem Widerrist doppelt gelegt, und der Reiter faßt rechts und links mit der klassischen Grundhaltung (siehe "Die Grundposition") in diese doppelten Zügel hinein. Ringfinger und kleiner Finger teilen dabei den Zügel.

Vorteil: Das Pferd wird im rechten und linken Zügel eingerahmt, die Verbindung bleibt stetig.

Nachteil: Es liegt nicht mehr so nahe, die Zügellängen ständig zu variieren und den Erfordernissen von Gangart und Lektion anzugleichen.

Fazit: Ich lehre die Zügelbrücke, wenn ein Reiter keine stetige und ruhige Handposition einhalten kann und ihm die geheime Zusammenarbeit zwischen rechter und linker Hand nicht koordinierbar ist.

DIE EINHÄNDIGE ZÜGELPOSITION

Bei der einhändigen Zügelführung werden beide Zügel in einer Hand mittig über den Widerrist geführt. Beim klassischen einhändigen Reiten zentriert die Hand nach links oder rechts und variiert nur minimal in der Höhe. Beim Westernreiten kreuzt die Hand gegenläufig über den Hals des Pferdes, um den Außenzügel anzulegen.

Vorteil: Die einhändige Zügelführung stabilisiert und beruhigt die Pferde. Dabei wird gleichzeitig die Anlehnung des Pferdes in der Selbsthaltung überprüft. Der Reiter kann den anderen Arm derweil auslockern oder den restlichen Körper über dem frei gewordenen Arm anders ausbalancieren oder ausrichten.

Nachteil: Diese Position läßt sich nur kurzfristig halten, und die Unterstützung der Balance über den Zügel wird reduziert.

Fazit: Einhändig reiten richtet das Pferd gerade und unterstützt die Auslockerung und Balance im Reiterkörper, da eine Hand der Schwerkraft nachgeben kann. Das Vertrauen der Reiter in minimierte Zügelwirkung wird gefördert.

HALSRINGREITEN

Ein im Sporthandel erhältlicher Gymnastikreifen aus Holz (mit ca. 50 Zentimeter Durchmesser) ersetzt die Trense. Er wird zumeist beidhändig geführt und mit seinem unteren Rand am Kehlgang des Pferdes angelegt. Wenn er mit seinem rechten oder linken Rand an die Halsseite des Pferdes gelehnt wird, weicht es vor dem Druck in die Gegenrichtung aus.

Vorteil: Pferd und Reiter lernen, das Lenken nicht vornehmlich über Zügeleinwirkung zu definieren, sondern aus dem Sitz heraus zu gestalten. Es macht außerdem Spaß.

Nachteil: Es funktioniert nicht immer, zum Beispiel wenn Kutschenpferde sich im Reflex auf den Halsring legen und davonmarschieren. Bei selbstunsicheren Pferden, die vielleicht Angst vor dem Reiterschenkel, Steigbügel, Sattelblatt oder der Gerte haben, sollten Sie noch nicht mit dem Halsring reiten.

Fazit: Jeder Reiter sollte einmal mit dem Halsring reiten, weil es die Grundeinstellungen des Reiters zum Bedarf von Paraden und Notparaden hinterfragen hilft.

NACHGEBEN

Für das Nachgeben beim Reiten unterscheide ich zwei Richtungen.

Einmal ein- oder beidhändig zum Pferdemaul hin in geteilter Zügelführung entlang der rechten und linken Halsseite oder im Kontakt der rechten und linken Hand zueinander hin zu den Pferdeohren über oder entlang dem Mähnenkamm.

Welche Version vom Nachgeben ich vorschlage, entscheide ich daran, womit ich die Balance des Pferdes eher verbessere. Denn nur dann, mit diesem Verständnis, ist das Nachgeben 'weich' und nicht per se. Wesentlich für das Nachgeben ist, daß es in Allmählichkeit erfolgt und der Reiter seine Balance von innen nach außen behält.

DIE AUSHALTENDE HAND

DIE AUSHALTENDE HAND

Einer der größten Kunstgriffe beim Reiten ist das Angebot der aushaltenden Hand zum Pferdemaul hin. Sie erzeugt oft Widerstand beim Reiter, der 'weich' reiten möchte. Jedoch ist sie die größte Balancehilfe über eine Zügeleinwirkung, die der Reiter bieten kann. Die aushaltende Hand will nur punktuell oder zeitweise angewendet sein und versteht sich immer unterlegt mit treibenden Energien. Sie begrenzt das Tempo, den Raumgriff und den Rahmen des Pferdes nach vorne, um dieses alles in eine neue Beziehung zum Schwerpunkt zu bringen.

Sie errichtet eine unsichtbare Wand nach vorne und setzt eine deutliche Grenze. Sie wirkt nicht rückwärts ein, jedoch kann der Zügel verkürzt werden, um diese Hilfe durchzubringen.

Die aushaltende Hand wird beidhändig vorgelegt und ist sehr elastisch. Auch hier gilt: Je deutlicher ich über die Reiterhand die Halswirbelsäule des Pferdes forme oder hinstelle in eine angestrebte Position, desto geheimnisvoller und getragener ist die Verbindung. Sie wirkt in die Tiefe wie ein Laserstrahl und ist dabei leicht und dehnbar wie ein Kaugummifaden.

Energiefluß bis in die Hände hinein macht die gute Reiterhand aus.

Halbe und ganze Paraden

Man kann sie kaum machen, jedoch erahnen und lernen, sie energiereich an- und abschwellen zu lassen. Paraden sind die Auswirkung der Ausatmung durch die Hände, während der Reiter sich im Schwerpunkt über Atmung kräftigt, dabei mit den Füßen erdet und sich im Oberkörper ausrichtet.

Je nach Bedarf nimmt der Reiter beim Parieren mehr Gewicht und / oder Mobilität in die parierende Hand. Auf einer hohen Bewußtseinsstufe sind halbe Paraden nur über Handatmung oder ein Schließen der Fäuste schon wirksam. In der Notparade allerdings - als Notbremse eingesetzt - können wir eine Hand auf dem Mähnenkamm oder der Schulter des Pferdes aufstützen und aus dem Ellenbogen heraus deutlich zum Zügel wiederholt ziehen und nachgeben. Alles, was der Sicherheit des Reiters dient, muß dann nicht weich sein, sondern effizient.

Die drückende und öffnende Hand

Die drückende und öffnende Hand sind nicht nur eine gute Übersetzung reiterlicher Anweisung in die Pferdesprache, sondern eine große Balancehilfe, wenn sie koordiniert eingesetzt werden.

Die drückende Hand fühlt dabei immer das Pferd. Sie lehnt sich an die Halsseite an, sowohl in verwahrender als auch in ermahnender Funktion für den Abspann in der Muskulatur, und schiebt das Pferd dadurch seitlich von sich weg.

Die öffnende Hand wird auf einer Ebene seitlich vom Pferd weggeführt, während die andere Hand mit dem Zügel gegen die Halsseite drückt. Sie eröffnet dadurch Raum für die Schulter beziehungsweise für die Vorhand des Pferdes in die neue Bewegungsrichtung.

Ich sehe die drückende und öffnende Hand am liebsten tief geführt, jedoch gibt es sie auf allen Ebenen.

Für das junge Pferd ist diese Zügelhilfe leicht zu verstehen und für den jungen Reiter leicht erlernbar. Sie sollte jedoch nicht nur grob gehäkelt verstanden und eingesetzt werden, da sie hochwirksam ist zur Verbesserung vom Gleichgewicht der Vorhand über die Halswirbelsäule bis zum Genick des Pferdes. Ich empfehle also, sich ruhig ausprobierend zuzutrauen, in kleinen Nuancen eine Hand zu öffnen, während die andere auf derselben Ebene den Zügel gegen den Hals des Pferdes anlehnt, und neugierig betrachtend abzuwarten, wie sich dadurch die Balance des Pferdes verändert.

Der innere Zügel

Mit dem inneren Zügel kann der fortgeschrittene Reiter sich vielfältig und variabel verhalten. Neben der Technik der öffnenden Hand kann er damit passiv-neutral bleiben, so den Energiefluß der inneren Körperhilfen durchlaufen lassen und ihn einfach nur hinhalten.

Über eine kleine Vibration im Handgelenk oder kleinste Anfragen aus den Fingergelenken kann der Reiter über den inneren Zügel Balancehilfen geben zur Stellung in die Wendung oder zur Ausrichtung der Halswirbelsäule, in der Grundannahme, daß die Pferde als erstes lernen können, Anlehnung vom inneren Zügel aus anzunehmen. Die innere Hand kann und darf der Reiter zeitweilig etwas höher tragen als die äußere. Damit begegnet er dem Balanceverlust, wenn ein Pferd sich im Genick oder in den Ganaschen verwirft oder sich im Mähnenkamm gegen die Bewegungsrichtung einstellt.

Die am meisten von mir empfohlene Positionierung der Hand ist an der jeweiligen Halsseite am Widerrist, entlang der Schulter des Pferdes oder entlang dem Mähnenkamm auf das Pferdemaul zu sowohl in Berührung mit dem Hals als auch frei im Raum. Achten sie dabei darauf, nicht ruckartig mit der Hand vorzugehen, und im Handgelenk nicht abzuknicken, während Sie die Kommunikation zum äußeren Zügel nicht verlieren.

Der äussere Zügel

Im äußeren Zügel kann der Reiter sachte und achtsam das Pferd seitlich einrahmen und begrenzen sowie im Kontakt zur inneren Hand Vorwärtsimpulse abfangen.

Eine große Gefahr liegt darin, die Längsdehnung des Pferdes auf der Außenseite zu unterbinden, insbesondere in der Wendung, und das Pferd zu hoch oder zu tief einzustellen.

Achten Sie bei der Zügeleinwirkung darauf, die Zügel gleich lang zu halten.

Variieren Sie die Zügellängen. Der Schritt braucht viel Platz im Zügel, der Trab eher am wenigsten, insbesondere im Übergang zum Halten, im Galopp liegen Sie in bezug auf die Zügellänge irgendwo dazwischen. Fassen Sie zudem alle paar Meter die Zügel nach, und erlauben Sie dem Pferd, sich den Zügel abzuholen für eventuelle Rahmenerweiterungen, und nehmen Sie sie dann wieder allmählich auf.

Lockern Sie immer wieder Ihre Arme, denken Sie schwer in Ihre Ellbogen hinein und in deren Abfederung beim Reiten, und üben Sie, wiederholen Sie viele Vibrationen im Handgelenk und das individuelle bewegliche Spiel der Fingergelenke. Stellen Sie sich den Energiefluß vor wie einen Wasserstrahl, der durch Ihre Arme und Beine fließt.

Seien Sie so tolerant und suchen den Fehler bei sich selber, wenn ein Pferd mit dem Kopf schlägt, mit den Zähnen knirscht, ein Zungenstrecker wird. Über den Zügel regieren Sie in die Halswirbelsäule hinein und zum jeweiligen Hinterbein hin. Da bleibt viel Raum für Mißnutzung und Härte.

Lassen Sie sich von dem jeweiligen Pferd beschreiben, wie lang seine Zügellänge ist, die keinen Widerstand auslöst, und mit wie viel oder wie wenig Zügel Sie eine Balancehilfe veranlassen. Achten Sie auf Ihr Pferd. Es zeigt Ihnen an, wann Sie zu hart oder zu schwer in der Hand waren. Seien Sie dann kurzfristig beruhigend beim Neuanlegen der Zügel, und verstärken Sie die Zentrierung durch die Hände.

Das Atmen

Nach Öffnen der Reiterhand zur in die Bewegung hinein nach vorne ausfüllenden Hand lehre ich als wesentliche Grundlage für einen freien Körper den Kontakt zum Atemfluß beim Pferd und beim Reiter.

Das Atmen ist die Grundlage allen Seins, die lebendigste muskuläre Tätigkeit.

Hierbei gilt aus der Sicht der Feldenkraislehre die Grundannahme, daß wir auch in der Zwerchfelltätigkeit reduzierte gewohnheitsmäßige Grundmuster immer wieder abrufen und nicht mehr wissen und fühlen, ob sie zur augenblicklichen Situation passen oder effizient sind. Dasselbe gilt sowohl für den Atemfluß zur emotionalen Lage hin als auch in bezug auf Beweglichkeit und Bewegung. Im ungünstigsten, jedoch weitverbreiteten Fall atmen wir, als wären wir in einer Notlage oder dauerhaft im Streß. Es kommt jedoch auch vor, daß sich jemand eine ruhige Atemlage angewöhnt hat und zu einer sportiven Haltung oder Bewegung gar nicht mehr hinatmen kann.

Grundsätzlich gilt: Ein gut beatmeter Körper ist, ob schlank oder rund, immer eher weich oder ausladend und gut anfühlbar.

Ein wenig beatmeter Körper wirkt eher hager oder (bullig) fest.

Am Klang der Stimme beim Sprechen, Singen oder Gähnen kann man den Kontakt zur Atmung erkennen.

Beim Pferd wünscht man sich das tiefe wiederholte Abschnauben in der ersten Lösungsphase beim Reiten und hört gerne ein rhythmisches Schnaufen oder Schnauben im Trab und im Galopp.

Beim chronischen Husten (oder Asthma), insbesondere wenn es vermehrt in der Reitzeit auftritt, kann man auf eine einseitig angespannte Zwerchfelltätigkeit schließen.

Luftkopper und Kehlkopfpfeifer oder röhrende, keuchende und pfeifende Geräusche sind Indizien für eine unbewußte und angespannte Atmung sowie eingezogene Flanken und fest verspannte oder kränkelnde innere Organe.

Bei einigen Stuten werden die Gebärmutter oder Eierstöcke herausoperiert, da sie sich ständig fehlverhalten und überkitzelig und hypersensibel zum Reiterschenkel hin sind.

Da bei diesen Pferden die Atemtechnik häufig miserabel ist und im Unbewußten liegt, liegt es nahe, die gelebten Atemtechniken um Wahlmöglichkeiten zu bereichern, um zu sehen, ob sich ein Fehler behebt, bevor man medizinische Eingriffe vornimmt.

Hüftige Pferde oder eine Atemrinne am unteren Rippenbogen entlang sind Anzeichen für Streß in bezug auf Atmung. (Beim Menschen zeigt sich das oft im sehr harten, flachen Bauch bzw. einer Wespentaille.)

Nicht nur der Reiter, auch das Pferd können Seitenstiche bekommen und werden dabei natürlich leistungsunwillig, widersetzlich oder mindestens kurzatmig.

Ein harter, fester Körper läßt uns hart und fest auffußen, da alle Glieder angespannt sind.

Wenn wir zu einzelnen Körperpartien nicht hinatmen, sie nicht an der Auswirkung entspannter Zwerchfelltätigkeit teilhaben lassen, rauben wir ihnen und damit uns Lebensenergie.

Wir sind in einzelnen Teilen in unserem Körper nicht ausreichend lebendig, um daraus lustvoll oder kraftvoll zu sein. Wir verhalten uns partiell in der Starre, und da wir es nicht wissen oder beachten wollen, ignorieren wir es auch bei unseren Pferden.

Für eine geregelte und effiziente Atmung können wir nicht viel tun, aber eine Menge lassen. Indem wir unsere Atmung betrachten, lernen wir sie kennen und zuzulassen.

Als erstes können wir darauf Rücksicht nehmen, wenn unser Pferd (oder Reiter) aus der Puste ist. Die Nüstern oder Flanken pumpen dann, die Bewegungen fallen auseinander oder werden flacher und härter. An dieser Stelle hilft immer eine Verschnaufpause am hingegebenen Zügel, der also an der Schnalle angefaßt oder sogar ganz auf den Pferdehals gelegt wird.

Inhaltlich kann das auch heißen, genauso viele Runden im Schritt zu reiten wie vorher im Trab oder Galopp.

Ihr Pferd kommt beim Reiten nicht zum Abschnauben oder der Reiter nicht zum Sitzen? Das sind durchaus Zeichen für einen angespannten Atemfluß zur Bewegung.

Dafür gibt es eine wunderbare Übung für Pferd und Reiter, die wir "Delphinatmen" nennen. Sie kommt aus der Sängerschulung und richtet sich an das Zwerchfell und wurde für die Reitlehre erstmalig über die TTEAM-Methode vorgestellt.

Belasten Sie Ihr Zwerchfell mit einem Doppelkonsonanten 'ff' oder 'sch' beim Ausatmen.
Also fffffhh...
Oder schschschschsch...
Lassen Sie dann Atemluft einströmen.

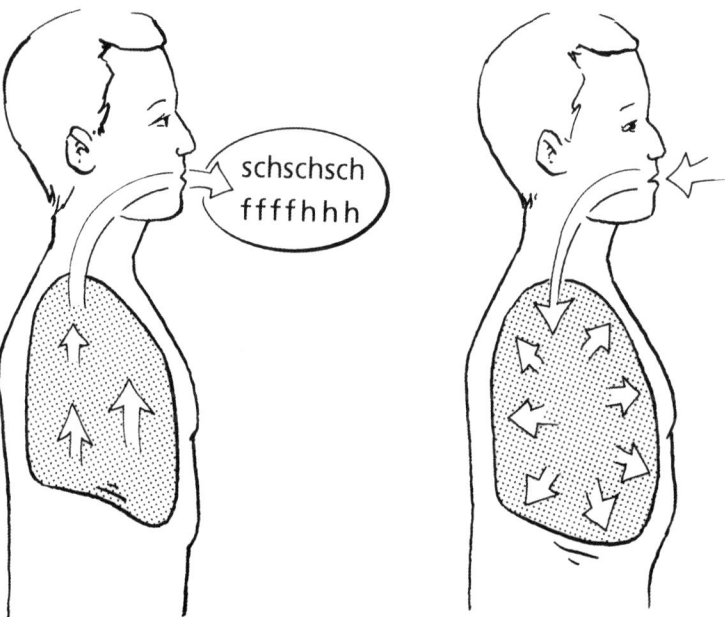

DAS ATMEN

Sie brauchen das nicht zu forcieren. Es geschieht einfach. Zählen Sie dann sich und Ihrem Pferd eine Bahnrunde lang jeden abfußenden Schritt des Pferdes laut vor: Eins - Zwei - Drei - Vier. Eins - Zwei - Drei - Vier usw...

Begleiten Sie dann vier Schritte des Pferdes mit dem das Zwerchfell durch Konsonanten belastenden Ausatmen "SchSch-SchSch..." oder "FFFhh..." und lassen Sie vier Schritte lang Atemluft zurückkommen. Wiederholen Sie diesen Vorgang 10 bis 15 Minuten lang, sofern es Ihnen angenehm ist. Wenn Ihnen der Viererrhythmus zu lang vorkommt oder sich nicht passend macht, können Sie eine kürzere oder längere Phase bearbeiten, wesentlich ist jedoch auch dabei der gleichbleibende Rhythmus.

Sie ändern durch diese Übung gewohnheitsmäßige Bewegungsmuster in der muskulären Tätigkeit Ihres Zwerchfells. Eine Erweiterung des körpereigenen Auswahlsystems um mehr Möglichkeiten befreit uns von der chronischen Überstrapaze durch eine Version.

Außerdem liegt in der neuen Zwerchfelltätigkeit die Chance, adäquater und leichter zur Bewegung hinzu atmen. Schließlich unterliegt auch die Atemtätigkeit einer Beziehung zur Schwerkraft und Raum, in der sie je nach unserer Gefühlslage oder Bewegungsrichtung veränderte Wege geht.

Nehmen Sie sich Zeit, im Reiten ohne Bügel am hingegebenen Zügel die Auswirkungen vertiefter Zwerchfelltätigkeit zu spüren. Es kann sein, daß Ihr Pferd locker im Genick wird, lebendiger in der Maultätigkeit, geregelter und leiser im Gang und allgemein pendelnder in der Oberlinie vom Genick bis zum Schweif. Wenn Sie das Glück haben, nutzt es die Gunst der Stunde und erlernt das tiefe Abschnauben.

Als Reiter können Sie vielleicht mehr Beziehung aufnehmen zur eigenen Schwere, Rechts- Linksseitigkeit, dem atmenden Bauch oder der freien Lendenwirbelsäule.

Manchmal ist Ihnen bequem, Sie fühlen sich beweglich oder wacklig oder tiefer im Pferd und dadurch stabiler. Sie erleben, daß Sie atmen.

Schon alleine dafür lohnt es sich, reiten zu lernen im freien Körper. Und als Nebeneffekt werden Sie schönere Bewegungen und verbesserte sportliche Leistung erfahren, wenn Sie das Delphinatmen in alle Gangarten mit hineinnehmen. Und vor allem, wenn Sie einmal den Atemfluß zur Kenntnis nehmen.

FELDENKRAISÜBUNG ZUR ATMUNG:
DIE ATEMWIPPE

Legen Sie sich auf eine ebene, jedoch bequeme Unterlage oder Decke. Achtsam und allmählich finden Sie dann einen Weg, die Füße aufzustellen und die Knie in Richtung der Zimmerdecke zeigen zu lassen.

Richten Sie sich in dieser Position bequem ein:

Legen Sie dann nacheinander und in Ruhe
- eine flache Hand auf Ihren Bauch unterhalb vom Bauchnabel,
- eine flache Hand über Ihr Brustbein,
- zwei Hände auf Ihre Rippenbögen vorne und seitlich.

DAS ATMEN

Nehmen Sie sich in dieser Position dann Zeit, 15- bis 20mal nachzuspüren oder mit Aufmerksamkeit zu betrachten, wann Ihr Atem kommt und wohin, in welchem Ausmaß er sich ausbreitet und wieder geht.

Atmen Sie dann tief in den oberen Brustraum hinein ein, und halten Sie die eingeatmete Luft an. Vielleicht sehen Sie jetzt aus wie ein Gorilla? Zählen Sie in Gedanken die Sekunden (21 - 22 - 23), die Sie mit angehaltenem Atem verharren, um einen Vergleichsmoment zu haben, ob sich auch dieses Vermögen verändert.

Bevor Ihnen jedoch unbequem wird, lassen Sie bitte die angehaltene Atemluft ausströmen und atmen normal, wie es Ihnen geschieht.

Atmen Sie dann in den unteren Bauchraum hinein ein und halten dort die Atemluft an (21 - 22 - 23).

Bevor Ihnen auch in der Region unbequem wird, lassen Sie die angehaltene Atemluft ausströmen und atmen so, wie es kommt und geht.

Lassen Sie dann die Beine lang werden, und machen Sie eine Pause.

Ihr Vergleichspunkt ist der Fußboden, und Sie können in der Pause beobachten, ob Sie sich zum Fußboden hin ein anderes Bild von sich selber machen können.

Stellen Sie die Füße dann wieder auf mit den Knien in Richtung Zimmerdecke.

Atmen Sie wieder in den oberen Brustraum, und halten Sie die Atmung an.

Verschieben Sie dann die angehaltene Atemluft in den Bauchraum - und wieder in den Brustraum und wieder in den Bauchraum.

Machen Sie eine Pause - wiederholen Sie diesen Vorgang - machen Sie wieder eine Pause - und so weiter

Achten Sie darauf, ob die Bewegung überall gleitend ist. Registrieren Sie, wo vielleicht nicht. Spüren Sie in sich hinein, ob diese Bewegung Folgebewegungen auslöst, beispielsweise in den Rippen, im Becken, in den Fußgelenken oder der Wirbelsäule.

Halten Sie die Atemwippe als Bewegung so in ihrem Anfangsstadium, in so kleiner Aktion, daß Sie Ihnen jederzeit leichtfällt und Sie in sich hineinsehen können. Arbeiten Sie nie gegen Schmerzen an, verzichten Sie dann lieber auf diese Bewegung.

Wenn Sie nach 15, 30 oder 50 Minuten dann langsam vom Boden aufstehen, haben Sie vielleicht durch einen veränderten Atemfluß eine veränderte Balance. Betrachten Sie sich neugierig, und lernen Sie sich dadurch besser kennen.

Bei allen Feldenkraisübungen ist es sicher angenehmer und leichter, sie mit einem anerkannten Feldenkraispractitioner durchzugehen und dann nachzuarbeiten.

Sie richten jedoch keinen Schaden an und haben hoffentlich großen Nutzen, wenn Sie neugierig und spaßeshalber in die Übungen hineingehen. Zudem sollten Sie jedem Anflug von Bedürfnis nach einer Pause stattgeben. Die Bewegungen selber können Sie in ihrer Qualität eher am Anfang der Bewegung begreifen als in ihrem großen Zug. Erlauben Sie sich, die Langsamkeit zu entdecken und - wenn Sie meinen, nicht perfekt zu sein - das mit Gelassenheit zur Kenntnis zu nehmen - mit Neugier und

Wohlwollen und nicht mit Entsetzen. Vertrauen Sie der körpereigenen Tendenz ins Gleichgewicht und der Strategie der kleinen Schritte in den Feldenkraislektionen.

ATMUNG - ELASTIZITÄT - DEHNUNG

Eine entspannte Atmung hin zu allen Bewegungen und in der Ruhe schafft Losgelassenheit. Innerhalb von Gelassenheit neigt jeder belebte Körper dazu, zu tun, was für ihn das richtige ist. Als stoffliche Grundlage dafür nimmt er Struktur und Form. Wir schaffen Bedingungen dafür, daß sich die innere Kraft wiederherstellen kann.

Wir brauchen adäquat Zeit und Raum und Muße zur Ruhe, damit sich zum Beispiel Elastizität und Dehnung herstellen können. Die Grundlage für Gelassenheit ist die ungehinderte Atmung. Auf der Bewußtheitsebene kann das Nervensystem mit physikalischer Energie und Struktur umgehen. Wir brauchen Elastizität und Dehnung, um sowohl den Pferden als auch uns selber im Körper die Belastung des Reitens zuzumu-

Atmung, Elastizität und Dehnung sind Lernprozeße, die über Erziehung und Selbsterziehung verwirklicht werden können.

ten, und wir brauchen sie auch für unsere Lebensenergie. Trotzdem verwendet Feldenkrais diese Begriffe nicht, da sie besetzt sind im herkömmlichen Gebrauch mit Stretching und Stressing. Dehnung ist bei Feldenkrais kein Streckvorgang, sondern die erlernte Gestalt einer Bewegung, innerhalb derer wir wissen, daß wir uns wohl fühlen.

Elastizität ist dann die aus eigener Entscheidung verwirklichte innere Kraft auf der Basis von Ruhe und Losgelassenheit in bewußter Aufmerksamkeit auf den Umgang mit Angst und Müdigkeit.

Atmung, Elastizität und Dehnung sind dann Lernprozesse in Abstufungen, die über Erziehung und Selbsterziehung verwirklicht werden können.

Der achtsame Umgang mit Atemprozessen ist jedoch die Grundlage für das Erlernen von gedehnten oder elastischen Bewegungsräumen um das Selbst.

Sowohl beim Reiten als auch in unserem Leben gehen wir häufig unangemessenerweise anders vor. Das führt zu Verschleiß und Frustration in bezug auf Elastizität und Dehnung und schließlich zu einer Verflachung der Atmung.

Wir können jedoch auf der Idee von Wachstum und Lernprozessen aufbauen und viel erfolgreicher sein. Im Lernvorgang berücksichtigen wir Prozesse, die unser Auge und unser Gefühl nachvollziehen können. Daraus entwickeln wir dann auf der Grundlage von frei fließendem Atmen die Kraft und das Vertrauen in uns selber: Die innere Kraft. Aus dieser inneren Kraft heraus weisen wir dann Vorgänge bewußt und unbewußt ab, die uns zu sportlich oder zu hoch sind oder zu belastend. Dazu sind wir dann in der Lage, weil wir uns spüren, wenn wir atmen und die Vielfalt der Atemwege wieder zulassen lernen.

DIE VERBINDUNG BECKEN-WIRBELSÄULE-KOPF

Beim Aufbau des athletischen Reiters zum sportlich-dynamischen Einsatz hin gibt es einen Zeitpunkt, an dem ich die Gestalt des Reiters zum aktiven Reitsitz hin bearbeite.

Die eigentliche Arbeit dabei leistet dann der Reiter. Schon am Boden über Feldenkraislektionen, auf dem stehenden Pferd und auf dem Pferd in Bewegung lernt er, in die Verbindung Becken - Wirbelsäule - Kopf hineinzuschauen, diese kennenzulernen, zu gestalten und dann hilfebringend einzusetzen.

Ein typischer Natursitz mit nach vorne ausfühlender Hand.

Ich beziehe mich auf einen angstfreien Zustand in Losgelassenheit und in einem Klima von Neugier.

Lassen Sie uns das Bild von einem Billardqueue benutzen. Das freie "beatmete" differenzierte Becken ist der Spieler, die gezielt hingehaltene Wirbelsäule ist das Queue, und der Kopf ist dann die Kugel obendrauf, die ausbalanciert hingerollt wird. Alle drei Verbindungen haben miteinander zu tun, sind aber individuell voneinander unabhängig und in ihrer Qualität verbesserungsfähig.

Schauen Sie dann in die Sitzarten:

1) Den Natursitz des Reiters haben wir bisher gesehen. Irgendwie hält der Reiter das Becken hin, genauso den Rücken und darauf den Kopf. Wir warten ... und erziehen die nach vorne ausfühlende Hand.

2) Der Grundsitz des Reiters ist nur unter idealen Bedingungen anlegbar und störanfällig. Frei und gelöst im Becken stoßen wir

Der Schwersitz

eine entspannte, in ihrer natürlichen Kurve gehaltenen Wirbelsäule an. Darauf balancieren wir einen mittig getragenen Kopf. Auch von den Augen her können wir diese Haltung führen. Unsere Augenhöhe, der Blickhorizont für "den Blick in die Ferne", hält uns hoch und leicht, der weiche nicht fokussierende Augenausdruck gibt uns eine konstante Hilfe zur Aufrichtung in die Leichtigkeit. Unsere Füße scheinen rechts

Der Schwersitz wird gegenüber dem Grundsitz kurzfristig und sehr effektiv eingesetzt.

BECKEN-WIRBELSÄULE-KOPF

Der Entlastungssitz macht es den Pferden häufig schwer, in den Schultern hoch zu kommen.

sitz ist die Effizienz der beatmeten, gewölbten freien Lendenwirbelsäule in ihrem allerlebendigsten und allerkraftvollsten Gebrauch. Der Schwersitz versteht sich als Aktivsitz, er wird momentan und punktuell geritten. Seine Dynamik hat er nur in Verbindung mit einer freien Halswirbelsäule zum freien Genick des Reiters hin.

4) Der Kavalleriestand befähigt Sie dazu, senkrecht in den Steigbügel über dem Pferd aufzustehen. Während Sie sich mit dem beatmeten starken Becken und Bauchraum Energie nach vorwärts/aufwärts verschaffen, entdecken Sie gleichzeitig den Rücken des Pferdes. Im Kavalleriestand lancieren Sie über die eigene Körperhaltung mehr Aufrichtung als Erdung.

Der Entlastungssitz

Der Entlastungssitz der Distanzreiter

und links den Boden zu berühren. Es ist, als gingen wir im Sand mit.

3) Der Schwersitz ähnelt dem Sitz ohne Sattel, wird jedoch mit Sattel geritten und üblicherweise sehr effektiv eingesetzt.

Das Becken des Reiters ist dabei etwas "schwer" nach hinten abgekippt. Er sitzt also hinter der Mitte der Gesäßknochen am hinteren Rand. Herausragend beim Schwer-

5) Der Entlastungssitz. Hier haben wir ihn, den Sitz, der alle von ihren Sorgen entlastet. Schön wär's, denn so einfach zu lernen ist er nun auch nicht. Im wesentlichen neigen wir den Oberkörper etwas nach vorne, wenn wir das Gesäß gleichzeitig im Sattel nach hinten schieben, um die Beziehung zum Hüftgelenk des Pferdes nicht zu verlieren.

Mit dem Entlastungssitz schonen wir den Rücken des Pferdes. Unseren eigenen Rücken jedoch nur dann, wenn wir ihn in Ruhe gleichgewichtig erarbeiten.

Im Entlastungssitz besteht die Tendenz, die Schultern des Pferdes nicht hochkommen zu lassen, weil der Wechsel des Reiters in mehr Aufrichtung bis hin zum Kavalleriestand recht schwierig ist.

6) Der Stuhlsitz und der Spaltsitz klären sich beide über die Arbeit an der Losgelassenheit des Reiters hin zum Natursitz.

7) Der Sitz des Reiters ohne Sattel ist der "Natursitz" des Reiters mit Sattel. Das Pferd trägt, bequem und irgendwie. Der Reiter läßt sich tragen.

Der Grundsitz des athletischen Reiters ist

Es ist ein langer Weg zur adäquaten Einwirkung, immer aus der Gestalt heraus einer Individuation im Lernprozeß.

Sehr weit hinten steht dann die Verwirklichung der idealen Form. Von ihr wird dann nicht nur die Verbindung Becken - Wirbelsäule - Kopf einsetzbar und beweglich, sondern die natürliche Aufrichtung der Halswirbelsäule mit dem freien Genick, der freie Gebrauch der Augen, der abgespannte Kiefer, bewegliche Rippen und Brustbein, die geöffnete Hand und der geerdete Fuß.

Ich würde mich freuen, wenn Sie aufgrund dieses Buches dazu kämen, sich zu erlauben, den Natursitz zu reiten und seine vielfältigen Variationen hin zum jeweiligen optimalen Gleichgewicht im Raum zu

Der Natursitz.

Der Sitz des Reiters ohne Sattel ist meistens der Natursitz im Sattel.

in seinen Eckwerten zu 1-7 stilistisch benannt.

Es gibt ihn eigentlich nicht, da jeder Reiter von seinem Natursitz ausgehend versucht, eine optimale Balance in Beziehung hoch und leicht in der Wirbelsäule, zwingend und dynamisch im Becken, ehrlich geerdet und verwurzelt in den Beinen zu verwirklichen.

erproben, ohne Pferd, aber gerne im Beisein eines Feldenkraislehrers.

Sie dienen sich hoch zu Ihrer eigenen wahren Aufrichtung, wenn Sie demütig allen Beugungen in sich nachgeben und Ihre Vision der freie Körper ist und nicht der gerade Mensch oder Reiter.

GRUNDGANGARTEN IN DER BEWUSSTHEIT

oder die Gestalt einer Bewegung

Zum Reitgefühl zu Pferde gehört nach meiner Beobachtung weniger das technische Bemühen von bewegungsauslösenden Funktionen im Detail als die abgespeicherte gelebte Erfahrung zur Gestalt einer Bewegung in ihren Variationen in ein und derselben Grundgangart.

Die Pferde lassen sich viel seltener über grobere oder feinere Hilfen blockieren als über abgebremste oder übertourte Grundbewegungsabläufe.

Ich benutze gerne den Vergleich mit der uns im Alltag umgebenden Technik: Ein Auto fahren wir auch nicht mit angezogener Handbremse, jedenfalls sind wir dann nicht verwundert, wenn es darunter leidet. Und wir fahren auch nicht im vierten Gang an der Ampel los.

Mit dem Fahrrad kippen wir um, wenn wir nach dem Antritt nicht den Mindestschwung haben.

Auch legen wir uns nicht mit dem Rad in die Kurve, da wir dann das Fahrrad nicht in eben dieser Kurve halten können.

Genau diese zwei Fehler aus der Unabgestimmtheit zur passenden Bewegung passieren den meisten Reitern ständig.

Nicht viele Reiter haben das Glück, auf schwingenden, gut ausbalancierten, rhythmisch laufenden Pferden ihre ersten und dauerhaften Gefühle für den Grundbewegungsablauf des Pferdes zu erlernen und das Bild als Wissen in ihrem Gehirn abzuspeichern. Sie können dann diese Gestalt nicht hervorrufen, abrufen, wenn Sie losreiten.

Sie verlassen sich dann zumeist auf die

GRUNDGANGARTEN

Verhaltenheit ruft Widersetzlichkeit hervor

Pferde und nehmen deren Vorschlag zur Bewegung an.

Meist verlassen sie sich viele Bahnrunden lang darauf oder versuchen zwischendurch halbherzig, eine andere Energie und Rhythmik vorzuschlagen.

Meistens kommt dieser Vorschlag dann wieder nicht dem Grundtempo des Pferdes nahe und wird daher vom Pferd und/oder vom Reiter nach kurzer Zeit noch einmal umgebaut.

Viele wissen dabei nicht, daß sich eigentlich die Pferde auf ihre Reiter verlassen. Dieser sitzt schließlich "am Steuer".

So horchen sie entweder ständig nach oben und verharren so in Verhaltenheit. Sie sind dabei immer bemüht, dem Reiter gerecht zu werden, ihn oben zu behalten und ihn nicht zu gefährden: Oder sie haben aufgegeben, an schöne freie Bewegung zu glauben und sich daran zu erinnern.

Andere übertouren völlig, gehen als "Rennmäuse" durch ihr Pferdeleben. Sausen also "über Tempo" unter dem Reiter umher, sowohl im Trab als auch im Galopp. Manche Pferde überhasten sogar ihren Schritt. Angst ist in diesem Bewegungsablauf mit im Spiel, sitzt den Pferden sozusagen "im Nacken", auch Ehrgeiz und Übereifer. Es handelt sich dabei also generell um seelisch oder körperlich nicht ausbalancierte Dispositionen.

Sowohl in der Verhaltenheit als auch in der Disposition "über Tempo" verpassen wir, reiterlich die Basis anzulegen

a) einmal für die Dominanz des Reiters zu Pferde; diese streben wir unter allen Umständen zu seiner eigenen Sicherheit an;

b) wir verbasteln uns die Grundbalance zwischen Pferd und Reiter. Auf dieser Basis jedoch baut sich jede Kunstform des Rei-

Grundgangarten

tens auf. Und es macht dabei nichts, ob wir Spaß haben am Springreiten, am höfischen Reiten, am Gangpferdereiten oder am Reiten auf der Basis alter Militärschulen.

**Immer brauchen wir die gelebte erinnerte Gestalt einer Bewegung für jede Grundgangart auf jedem Pferd in ihrer ausbalanciertesten Form.
Alles Reiten basiert auf einem natürlichen Reiten.**

Jedes Pferd kann sich passend zu seinem Entwicklungsstand und Reifegrad ohne Reiter wundervoll bewegen, bis in die Lektionen der Hohen Schule hinein.

Alles Reiten bringt dann diese ganzen möglichen und gelebten Bewegungskapazitäten zurück ins durch Reitergewicht gestörte Gleichgewicht des Pferdes.

Natürliches Reiten ist anatomisch funktional und praktisch und daher gesund erhaltend für Pferd und Reiter. Es fühlt sich außerdem wundervoll an.

Das Pferd sieht dabei aus, als ob es angeben will, sprühend und ausstrahlungsstark, jedoch gesammelt und schwingend. Zumindest ist es rhythmisch und energievoll. So etwa, wie wir aussehen, wenn wir auf gute Freunde zugehen und sie begrüßen.

Verhaltenheit führt zu Widersetzlichkeit seitens des Pferdes, weil der Grundanschwung fehlt. Und wenn es "übertourt", führt das genauso häufig zum "Aussteigen", da das Pferd den Anforderungen nicht gewachsen ist.

Dieses Pferd läuft nicht in seiner natürlichen Haltung.

Rhythmus, Geraderichtung des Pferdes, Taktreinheit und die Balance in der Wendung versetzen das Pferd nicht nur erst wirklich in die Lage, das Reitergewicht zu tragen, ohne diese kann das Pferd gar nicht das Reitgefühl herüberzubringen, nach denen sich die Reiter sehnen.

Ich kann ihn diese Grundgangarten über das Auge beobachten lassen. Und zwar in den Phasen mit und ohne Reiter.

Ich kann sie am geführten oder longierten Pferd erfühlen lassen. Und zwar mit geschlossenen oder offenen Augen.

Ich kann über ein gut ausbalanciertes bis zur hohen Versammlungsstufe hin durchgearbeitetes Pferd Sitzgefühl erfahrbar machen, so daß Bewegungsmuster in unserem Unterbewußtsein gespeichert werden.

Ich kann in das Auffußen der Pferde über die Ohren hineinhorchen. Jede rhythmische oder arhythmische Bewegung hat einen Klang.

Ich kann den Reiter anleiten, sensibler zu werden, in sich hinein zu fühlen und damit tiefer in sein Pferd zu kommen, in Anlehnung an das Bild vom Zentaur.

Ich kann zu allen oben angegebenen Punkten eine vergleichende Erfahrung anbieten, in denen der Reiter in Sitzgefühl und Emotion einander ähnliche Empfindungen spüren lernt und sie an ihren positiven Energien auseinanderbewertet. Er tut dieses, ohne die bestimmte Gestalt einer Bewegung hochzuloben und daher monoton einzusetzen.

Nehmen Sie einmal eine Beziehung auf zum Schritt.

DER SCHRITT

Die Beziehung zum Schritt ist bei vielen Reitern unbewußt und fremdelnd. Man sieht sie nur selten und dann ungern Schritt reiten, das Pferd macht keinen "schreitenden" Eindruck mehr.

Der Schritt wird häufig im Zügel gestört. Er braucht den "längsten" Zügel, da er von allen Grundgangarten am meisten Raumgriff hat.

Der Schritt wird häufig über den Sitz des Reiters gestört.

Bei gut angelegtem Grundsitz der Reiterin benötigt dieses Pferd trotz der gebißfreien Zäumung noch ein bißchen mehr Platz im Zügel.

Im Schritt kommen wir der menschlichen Bewegungsmechanik beim Gehen am nächsten. Leider können heute viele Menschen gar nicht mehr anatomisch funktional gehen Dieses können Sie leicht nachvollziehen, wenn Sie einmal am Bahnhof allen vorbeihastenden Menschen beim Gehen zuschauen. Ob Sie dabei etwas von praktischer und ästhetischer Funktion erkennen

Der Schritt

können oder nicht, ist dabei zweitrangig. Im Wesentlichen geht es darum, Unterschiede spüren und wahrnehmen zu können.

Stellen Sie sich vor, Ihr Pferd humpelt beim Reiten im Schritt. Drei Beine nehmen mehr Arbeit auf sich - ein viertes wird geschont.

"Kein Problem", können Sie sagen, "hole den Tierarzt." Damit ist Ihnen jedoch nur in manchem Fall geholfen. Das Humpeln muß nicht auf eine Verletzung oder eine Verschleißerkrankung zurückgehen. Es kann gut sein, daß Sie den gleichmäßigen Einsatz aller Glieder zum Bewegungsablauf hin unterbinden. Sie können die Rhythmik im Schritt über den Zügel gestört haben. Das passiert oft, wenn der Reiter sich zu ständiger Sitzkontrolle oder Sitzruhe verpflichtet fühlt, was dann zu Lasten einer Einstellung des Selbst in die passiv-neutrale Situation geht.

Den Bewegungsfluß im Schritt können Sie in seiner Mehrdimensionalität der Bewegungsrichtungen in acht Phasen von vielen verschiedenen Enden im Pferdekörper her leicht stören.

Manchmal weichen die Pferde in ein "Zackeln" aus anstatt in ein "Humpeln", wenn sie müde im Kreuz oder Hüftgelenk sind.

Oder sie gehen paßartig, also lateral gleichzeitig, und schwanken daher wie ein Dromedar in der Wüste. Sie vermitteln dem Reiter dann ein eigenartiges Sitzgefühl. Im Sinne der Verwirklichung eines natürlichen Gefühls beim Reiten wäre somit der von Natur aus gegebene Bewegungsablauf bei den meisten Pferde nicht verwirklicht.

Manche Pferde fühlen vorne den Boden. Sie fußen extrem leicht und rasch sowie tastend auf. Häufig ist dieses Pferd nicht in

Manche Pferde zackeln

Manche Pferde fühlen den Boden, d.h., sie treten vorne tastend auf.

der Lage, "barfuß" zu laufen, und braucht einen Schmied. Oder es hat einen Schmied und "der Schuh" paßt nicht - ist zu groß oder sogar zu klein. Manche Pferde haben dann nach einiger Zeit keine Beziehung mehr zu ihrem grounding. Sie erden ungern. Die Gesetze der Schwerkraft wollen sie für sich nicht zulassen. So jedoch verschleißen sie sich in hoher Verspannung in der Muskulatur und können nicht aufwendig laufen. Ein fühlig laufendes Pferd sollte Ihnen immer ein Warnzeichen sein, ein Indiz für Schonung und gutes Schuhwerk. Ein Ignorieren der Gestalt "Fühliges Pferd" in einer Bewegung führt direkt zum Schlachter.

Es gibt viele Pferde, die "schaukeln" oder "schwimmen" im Schritt. Sie schwanken hin und her und können ihre Linien nicht einhalten. Sie geben dem Reiter Anlaß zur Überprüfung, ob er ungleich einwirkt in seiner Seitigkeit rechts/links und ob er den Bewegungsfluß von hinten nach vorne überhaupt will oder gestaltet.

Es gibt Pferde, die sich im Schritt zurückhalten und damit ständig vermeintlich Rücksicht auf den Reiter nehmen. Fühlen Sie diese Rücksichtnahme nicht, können Sie gleichzeitig das Pferd nicht davon entlasten. Seien Sie der Boß und nicht Klebstoff auf dem Pferderücken.

Ich möchte, daß sich ein Pferd unter dem Reiter lange Strecken zutraut in lockerer Mischung von Bummeln und Schreiten. Beim Bummeln warte ich auf ein ehrliches Ausruhen in Psyche und Physis, beim Schreiten erwarte ich Erhabenheit und Engagement.

Ein Pferd sollte unter dem Reiter bummeln können oder auch schreiten.

Halbe Tritte

Manche Pferde, insbesondere vom Vollblüter geprägte, wissen zu schlendern.

Ich liebe diesen federnden, weichen, langbeinigen Gang. Er gibt mir das ideale Gefühl für den Schritt.

Die meisten Pferde müssen wieder zu einem Wandern erzogen werden. Sie als Reiter tun das am besten über Ausritte querfeldein am hingegebenen Zügel.

Ich habe also eine Erinnerung an die Gestalt einer Bewegung im Schritt, die ich beim Pferd provoziere oder zumindest nicht störe, weil ich sie noch einmal erleben will.

Haben Sie ein Schlendern oder Wandern einmal für sich gewonnen, können Sie dieses Gefühl genießen und leicht bewahren. Sie behalten es dann in Ihrem Sitz und in Ihrer Kinästhesie.

Wenn Sie möchten, können Sie jetzt anfangen, Schritte zu gestalten.

Sie befinden sich auf dem Weg der Veränderung: von einer wichtigen gehobenen Persönlichkeit, die auf einem roten Teppich schreitet, hin zu einem Wanderer, hin zu einem Tänzer. Sie geben sich also Ausdruck und Reife über einen differenzierten Umgang mit der Sammlung in den Schwerpunkt.

Ich unterteile also aus einem Potpourri klassischer Lehren die Gangart Schritt in die Bewegungsabläufe
- Halbe Tritte
- Versammelter Schritt
- Mittelschritt
- Starker Schritt

Halbe Tritte

Bei halben Tritten arbeitet der Reiter sein Pferd nur in den Raum halber Trittlängen hinein und hält dabei häufig an. In der Spanischen Schule in Wien werden die halben Tritte als Vorbereitung auf die Piaffe, auf den Trab auf der Stelle, gelehrt.

Auf der Basis der TTEAM-Methoden von Linda Tellington-Jones wurden die halben Tritte als Balancehilfe für Pferde entwickelt, die nicht hoch und leicht sein mögen in der Vorhand, während gleichzeitig die Nachhand trägt. Es bietet sich an, sie im Labyrinth einzuführen.

Das Pferd wird angeleitet, in halben Tritten durch die Gassen vom Labyrinth zu treten. Zur Verstärkung seiner Kopf-Hand-Koordination sollte es durch die Lektion hindurch mehrfach anhalten.

Der Sitz des Reiters ist dabei geerdet und abwärts orientiert im Bein, während gleichzeitig im Bereich der Verbindung Becken-Wirbelsäule-Kopf eine deutliche Tendenz zur Vorwärts Aufwärts-Freiheit bearbeitet wird durch den Reiter oder Reitlehrer.

Sie können den Grundsitz einnehmen, in den Kavalleriestand oder den Entlastungssitz gehen und sich innerhalb jeder dieser Positionen fühlen wie ein Ballettänzer, ein reitender Nurejew oder Barischnikow.

In der geöffneten Zügelhand sind Sie dabei hoch und leicht und frei und intonieren mit dergestalt "aushaltenden Hand" eine Grenze nach vorne zur größeren Trittlänge hin und geben innerhalb dieser mit einem kleinen "shake" auch die Ansage zum Anhalten.

Im Labyrinth kann es leicht passieren, daß Ihr Pferd aussteigt, also gegen die Stangen rumpelt oder sogar herausspringt. Der kleinere Balanceverlust ist zum Beispiel, wenn das Pferd in der Tendenz über dem Zügel geht, schwankend hin- und hertritt oder durch die Wendungen eilt.

Die Zügelführung im Labyrinth ist hoch und breit und leicht. Sie behalten dadurch die Beziehung zum Genick. In den Fingergelenken sind Sie dann in der typischen Tellington-Zügelführung sehr beweglich und voneinander unabhängig im Spiel auf den Zügeln. In der Stimme geben Sie dann das Kommando "Langsam, langsam!", "Brav".

Aus dem Labyrinth heraus - in halben Tritten geritten - kann man sehr gut angaloppieren, also das Angaloppieren üben. Oder man kann sein Pferd aus dem Labyrinth heraus in die Dehnungshaltung hinein entlassen. Das Pferd bekommt also vom hingegebenen Zügel aus Raum, in die Tiefe abzudehnen, während es mit der Nase dicht am Boden weitergeht.

Die Fähigkeit des Pferdes, tief abzudehnen, und die Fähigkeit des Reiters, die Schultern-Ellbogen-Hand-Pferdemaulverbindung nach vorne hin zu öffnen, bedingen sich gegenseitig.

Die Fähigkeit des Pferdes, sich in der Hinterhand gesetzt zu verhalten in den halben Tritten bei einem hohen, freien, möglichst leicht beigezäumten Genick, bedingen sich gegenseitig mit der impulsgebenden, hohen aus der Ellbogenabfederung heraus breit geführten Reiterhand.

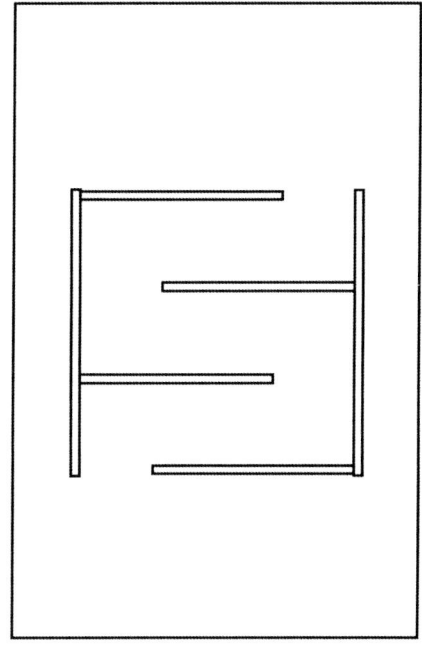

Und nur ein Pferd, das in der Lage ist, sich in allen Grundgangarten in ruhiger Seelentemperierung und gelöst in der Muskulatur tief abzudehnen, kann in guter Form den Spannungsbogen aufbauen und halten, den es in der Versammlung braucht.

Die halben Tritte geradeaus oder in Stangenkombinationen wie dem L oder Labyrinth sollten mit dem Pferd ohne Sattel und Reiter eingeübt werden. Alle Bewegungsabläufe und Bewegungsgestalten basieren auf Lernprozessen, und die Beziehung zwischen Pferd und Reiter basiert auf dem Lernprozeß, natürliche Bewegungsabläufe und Formationen des Pferdes trotz des Reitergewichtes leben zu können.

Versammelter Schritt

Der versammelte Schritt ist der Schritt am Zügel bei verkürzter Trittlänge mit einer konzentrierten Beziehung aller Pferdebeine zum Schwerpunkt. Wichtig ist dabei die Ungequältheit dieses Bewegungsablaufes in seiner Rhythmik und geregelten Fußfolge.

Ich lehre den versammelten Schritt nicht, weil er in seiner hohen Präsenz und Qualität nur selten vom Pferd abverlangt werden sollte.

Ich denke, man sollte vor allem lernen, den Schritt in Ruhe zu lassen, ihn nicht zu stören.

Einer meiner Lehrmeister unterrichtete ausschließlich den Trab und den Galopp "am Zügel". "Wenn ihr in den fünf Minuten auf dem Turnier nicht einmal ungeübt den Schritt am Zügel reiten könnt, dann könnt ihr gar nicht reiten." Dies nur als Beispiel, für wie störanfällig alte Reitmeister den Schritt in seinen Bewegungsmodulationen hielten.

Wenn Sie ihn gestalten wollen, wird der versammelte Schritt in Zügelanlehnung zu hoher Versammlung hin geritten.

Der Mittelschritt

Der Mittelschritt ist der vom Pferd aus ursprünglich anzubietende Schritt: Es zeigt ihm, wenn es auf der Weide zieht zur Tränke hin oder entlang seiner Morgen- oder Abendrichtung unterwegs ist. Der Reiter sollte als erstes lernen, die Energie dieses Schrittes zu beobachten, und im geführten Reiten mit geschlossenen Augen, diese in den eigenen Gliedern spüren.

Der Mittelschritt wird am hingegebenen Zügel geritten, am langen Zügel mit etwas Kontakt zum Pferdemaul oder in der Dehnungshaltung am aufgenommenen Zügel.

Da der Schritt wegen seiner Trittlängen von allen Grundgangarten den meisten Platz am Zügel braucht, ist ein häufiger Reiterfehler der zu kurz aufgenommene Zügel mit der zum Gleichgewicht der Bewegung zu knapp ausgerichteten Halswirbelsäule. Oft ist der Reiter dann auch noch dominant einhändig, wirkt auf einer Seite vermehrt über die Hand ein und zieht sein Pferd schief.

Ein weiterer häufig vorkommender Fehler zum Schritt ist die Unterbindung der Trittlängen in ihrer Natürlichkeit oder Kadenz.

Dieses geschieht sowohl aus dem ungeöffneten Sitz des Reiters heraus als auch durch seine oft gegen die Bewegung ausgerichtete Hand. Ganz oft ist die Beziehung des Reiters zum eigenen schwingenden Gang schon lange nicht mehr gelebt worden. So oktroyiert er dann aus unbewußter Angst, Müdigkeit oder Machtgefühl heraus dem Pferd einen Schritt auf, bei dem es eigentlich geistig und körperlich in Verhaltenheit verharrt.

Aus Verhaltenheit jedoch resultiert Widersetzlichkeit oder eine geistig-seelische Zurück-Haltung, in der die natürliche Bewegungsenergie nicht mehr fließt und in die das Pferd den Reiter nicht mehr mit hineinnehmen kann.

Auf das Erlernen des Sich-Einlassens im Mittelschritt verwende ich im Basisreitunterricht die allermeiste Zeit.

Aus dem Schritt heraus legen sich im Sitz des Reiters und in der Balance des Pferdes alle schwunghaften Gangarten an.

Wer Schritt reiten kann, kann auch galoppieren. Desgleichen wird im Schritt der Sinn für Rhythmik entwickelt, die ich dann in allen Seitengängen und schweren Lektionen wieder brauche.

Ich lehre also am in seinem Grundtempo im Mittelschritt geführten Pferd mit geschlossenen Augen, nachhaltig zu spüren, wohin in Beziehung zum Reiterschwerpunkt das innere und das äußere Hinterbein nacheinander treten. Diese Gefühle sollten auch mit offenen Augen erhalten bleiben.

Ich lehre, daß der Reiter beim Reiten eine Beziehung zum eigenen unabhängigen Gehen aufnimmt, "als ginge er im Sand mit".

Ich lehre die Fähigkeit zum tiefen autogenen Abspannen im Schritt: schlenkernd, schwer und fallend zur Schwerkraft hin überall im Körper zu sein, vor allem in der Stirn, im Kinn, in den Schultern, in den Ellbogen, in den Hüftgelenken, Knien und Fersen.

Ich weise darin ein zu spüren, wann und wie laterale, diagonale und Spiralengesetze im Körper wirksam werden, damit der Reiter eine bewußte aufmerksame Beziehung dazu aufnehmen kann. Der Reiter lernt, den Atemfluß im Schritt zuzulassen und zu bewerten. Er lernt, den Schwung der Rippen des Pferdes und seines Bauches nach rechts und links zu spüren und diesen im Schenkel zu begleiten und nicht zu sabotieren.

DER STARKE SCHRITT

Die Königskrone in Sachen Schritt ist sicherlich der starke Schritt. Hierbei ist das Pferd mit seinem größten Energieaufwand und doch völlig kontrolliert unterwegs.

Der Antritt kommt dabei deutlich aus der Hinterhand, die gern und energisch über die Spur des Vorderhufs fußt. Die Trittlänge ist dabei geschult und richtig groß.

Das Pferd sucht und behält die Anlehnung zur Reiterhand am Gebiß innerhalb der Dehnungshaltung.

Der starke Schritt ist einladend und ausladend in sich. Einige Reiter verführt er dazu, ihn nur noch reiten zu wollen, nachdem sie die Verhaltenheit überwinden konnten.

Wenn der Reiter Pacing und Leading nicht trennen kann in seinem der Bewegung nachfolgenden Sitz, verstärkt er die große Trittlänge im Schritt immer wieder. Das führt zu einer Kettenreaktion, in der das Pferd sich zu sehr ermüdet.

Auch der starke Schritt hat seine Berechtigung nur in kurzen Phasen beim Reiten. Er ist eine Kunstform, wenn man auch stark erinnert wird an ein Wandern zu Pferde. Er ist sicherlich eine gute Vorübung für ein Wandern, weil dabei ein ähnlicher Energieaufwand kommt und das Pferd hierüber seine Schulterfreiheit und den daraus folgenden Raumgriff entwickeln kann.

Meine bevorzugte Energie des Pferdes im Schritt liegt im sogenannten Schlendern.

Schlendern des Pferdes ist hochangenehm zu sitzen und sieht wunderbar aus: bewegungsstark, geschmeidig und elegant.

Manche wenige vom Vollblüter stark

Starker Schritt

geprägte Pferde haben dieses Schlendern im Blut. Sie demonstrieren es ungewollt und gerne auf der Koppel und unter dem Reiter.

Um Schlendern zu erklären, muß ich das Gegenteil fühlbar und sichtbar machen. Also etwa ein Stapfen oder Stampfen.

Jedoch wird ein Pferd seine natürliche Begabung zum Schlendern verlieren und nicht entfalten, wenn der Reiter nicht lernt, sich tragen zu lassen. Wenn er im Sitzen stoßen, schieben oder auch nur dominieren will, wird Schlendern nicht wahr.

Der Reiter hat nur die eine einzige Möglichkeit, mit dem Schlendern zu verschmelzen und selber dadurch weich werden.

Immer wieder werde ich gefragt, warum Unterschiede in ein und derselben Gangart über meinen Unterricht spürbar werden sollen: "Der Freizeitreiter braucht das nicht und wird nur verunsichert."

In der Natürlichkeit des Pferdes gibt es Variationen innerhalb einer Gangart, und im Reiten wollen wir alle Natürlichkeit haben, um uns daran zu entwickeln.

Der Freizeitreiter ist ein jeder, der in seiner Freizeit reitet. Darin alleine liegt noch keine Aussage über Differenziertheit und Intelligenz.

Es macht Spaß zu lernen, Variationsbreiten im Rahmen ein und derselben verwandten Bewegung auszuloten.

Die Qualität der letztendlich abgerufenen Bewegung hat profitiert, wenn andere Bewegungen vergleichbar und verfügbar sind, die ähnlich aussehen und sich ähnlich gestalten.

Meistens werden die Pferde vom Sitz des Reiters aus zu intensiv und zu monoton in einer Dimension gearbeitet. Nur das wechselnde Zusammenspiel der Kräfte mobilisiert die Fähigkeit zum Schlendern.

Wenn Sie den natürlichen Schritt des Pferdes hervorheben und fördern wollen, sollten Sie viel ausreiten. Damit ist nicht das Pflastertreten einmal um den Block herum gemeint, sondern die zügige Strecke am hingegebenen Zügel geritten - querfeldein über Äste, Bäche, Hügel und Gräben.

Auch die Sattelmassage ist ein wunderbares Medium, um das Pferd wieder zur wahren Rhythmik zurückzuführen.

Sie sitzen dabei im Entlastungssitz im Halten und treten dann bei geöffneten Becken und Beinen abwechselnd rechts und links in den Steigbügel hinein. Dadurch kann der hin- und herrutschende Sattel den Rücken des Pferdes lockern und überprüfen. Machen Sie alle Bewegungen langsam und freundlich.

Im Schritt weiten Sie durch die Sattelmassage die Basis, wenn Sie in den linken Steigbügel treten, wenn der linke Vorderhuf auffußt und umgekehrt.

Mit dieser Art Rhythmik bringen Sie das Pferd aus der Gelegenheit heraus, sich ungeregelt ungleichmäßig einzusetzen. Es kommt nicht mehr dazu, über den Kurzspann zu passen oder zügellahm zu gehen.

Die Sattelmassage kann man im Schritt und im Trab auch sehr gut innerhalb der lösenden Arbeit einsetzen.

Einen deutlichen Balancewechsel bekommt man in der Schrittarbeit des Pferdes auch und gerade im Überprüfen der Zäumung oder Sattelung.

STARKER SCHRITT

Manch ein Pferd bevorzugt ein Nathe-Gebiß, ein anderes eine Stange, und das dritte läuft bestimmt gebißfrei am besten.

Um die Balance von hinten nach vorne zu entwickeln, könnten Sie im Schritt jederzeit viele Lektionen in der Gasse und auf geraden Linien reiten.

Bei schrittgeübten Pferden ist der Wechsel zwischen den Hufschlägen, also zwischen alter und neuer Wahrnehmung im Geradeausreiten, angesagt. Finden Sie also dazu gerne die Balance von hinten nach vorne auf dem dritten und vierten Hufschlag.

Für die Balance von innen nach außen im Schritt können Sie am effektivsten viele Schlangenlinien am hingegebenen oder am aufgenommenen Zügel reiten für ein zentriertes Wenden innerhalb des Sitzes.

Es bietet sich an, sechs Bauhütchen in einer Reihe aufzustellen und einen Slalom zu reiten.

Der Abstand zwischen den Bauhütchen beträgt je sechs Metern.

Hier handelt es sich um einen recht geringen Abstand. Die Pferde können dann diesen Slalomparcour in Parallelverschiebungen durchlaufen beziehungsweise in echter Wendearbeit in Stellung und Biegung nach links und dann nach rechts. Die Bauhütchen (Staßenkegel vom Baumarkt) sind Balancehilfen. Sie bilden einen Ausgleich für die Übersteuerung von Reiter und Pferd in den Wendungen. Der Reiter kann an seinem Sitz arbeiten und neugierig betrachten und beobachten, in welcher Stilart er oder das Pferd am flüssigsten und energiereichsten auf dem Wendebogen abwenden können.

Zur Verfügung hat er seinen gelösten, passiv-neutralen einzusetzenden eigenen Natursitz, den ausbalancierten Grundsitz in guter Grundspannung, den Entlastungssitz in den Variationen über mehrere Bügellängen und den Schwersitz zur verstärkten momentanen Ansprache an die Hinterhand.

Das zentrierte Abwenden über die Zügelhilfen kann der Reiter vergleichend überprüfen über den losgelassenen oder hingegebenen Zügel, um festzustellen, ob er dominant aus den mental vorgegebenen Hilfen sowie aus den Sitzhilfen heraus abwendet. Danach kann er über den Bewegungsablauf ganz allmählich die Zügel aufnehmen für eine Anlehnung in Dehnungshaltung oder Versammlung.

Der Schritt des Pferdes ist die am schwersten zu reitende Gangart, wenn der Reiter für sich und das Pferd alle vorgegebenen Schwingungen und Impulse zuläßt und lebt.

Der Sitz des Reiters im Pferd im Schritt wird von uns der nachfolgende Sitz genannt. Die Losgelassenheit des Reiters besteht dann darin, sich tragen zu lassen, während er dabei das Pferd nicht stört.

Der Fehler des Reiters liegt häufig darin, den Schritt stoßen oder schieben zu wollen und ihn damit in einem beidseitig gleichzeitigen Handlungskonzept zu blockieren.

Den Schritt dominieren heißt, ihm zu folgen, ihn zu führen und gleichzeitig darin zu verschmelzen.

Wenn der Reiter Schwierigkeiten entwickelt bei der Verwirklichung der Variationsbreiten im Schritt, hat er viele Möglichkeiten, sich aus der Sicht der Feldenkraislehre einen Zugang zu schaffen.

Schritt zu reiten wie ein Indianer heißt, gehen zu können wie Marylin Monroe!

Versuchen Sie einfach einmal, die vielen Spielarten Ihres Gehens zu vergleichen. Gehen Sie auf und ab in Ihrem natürlich gewohnten Gang.

Variieren Sie ihn dann mit einem Federn, Hüpfen, Schreiten, Tanzen, Wandern, Rollen oder Schlurfen und Tapsen.

Ist Ihnen alles gleichmäßig verfügbar? Lebbar? Angenehm?

Stellen Sie sich auf, mit den Füßen nebeneinander. Heben Sie dann die rechte Ferse etwas an, und verlagern Sie das Gewicht auf den linken Fuß.

Heben Sie dann die linke Ferse etwas an, und verlagern Sie das Gewicht auf den rechten Fuß.

Wiederholen Sie diese Bewegungen immer wieder. Nach und nach können Sie vielleicht merken, wie der Transfer der Bewegung von der einen zur anderen Seite geht und wie und wohin diese Übermittlung ausschwingt.

In der Kindesentwicklung wird die Fähigkeit und Bereitschaft zum Gehen schon mit den ersten Bewegungen des Säuglings angelegt.

Am besten erkennen kann man die Vorbereitung auf das Gehen in der Babyzeit des Kriechens und Robbens als Vorstadium zum Krabbeln.

Wenn Sie diese Bewegung imitieren oder durchstudieren wollen, können Sie sich wie eine Echse auf den Boden legen.

Sie liegen also auf dem Bauch. Wenn Sie sich jetzt vorwärts bewegen wollen, können Sie sich schlängeln oder aber mit den Armen nachhelfen.

Wenn Sie vorwärts kommen wollen, können Sie aus dieser Orientierung zur Bewegung viel weniger mogeln als im Gehen selber. Sie gewinnen also Zeit, den Bewegungsfluß zum Gehen zu spüren, zuzulassen und kennenzulernen. Daraus kann in Ihnen das Motiv reifen, aus dem heraus Sie begründen, differenziert Schritt reiten oder auch nur selber anders gehen zu wollen.

Der Trab

Wie wollten Sie sitzen, damit Sie diesen schönen Trab nicht behindern?

Der Trab

Der Trab ist gegenüber dem Schritt eine schnellere Gangart. Der Reiter kann sich damit ein sportliches Gefühl erzeugen. Außerdem ist er im Körper rhythmisch einfacher nachzuvollziehen, da es sich um einen Zweitakt handelt.

Wenn man die Auswirkungen vom Trab in den eigenen Körper hinein simulieren oder auch nur fühlen will, kann man das am besten mit einem kleinen Sporttrampolin tun. Ich meine die kleinen Raumtrampolins, die man in jedem Kaufhaus kaufen kann.

Sie haben also solch ein kleines Trampolin zur Verfügung? Stellen Sie sich darauf, und federn Sie es minimal aus. Sie bekommen dann Schwingungsimpulse von unten über die Füße in den Körper hinein. Heben Sie dann abwechselnd die rechte Ferse und dann die linke, damit Sie in den vom Trab ebenfalls vorgegebenen wechselseitigen Rhythmus kommen.

Spüren Sie dem dann nach. Sie können alle Trabvariationen auf dem Trampolin vorlegen.

Der angenehme weiche Jog des Westernpferdes wird genauso weit in Ihren Körper

Der Trab

viel unbewußter und verhalten sich dadurch im Trab rumpeliger zum Pferd hin. Sie merken häufig nicht, ob Ihr Pferd im Schneckentempo durch die Gegend schlurft oder sogar lahmt. Häufige Fehler im Trab sind das Ausweichen in den Schritt oder in den Galopp. Manchmal macht sich das Pferd dann auch noch fest im Rücken und kommt auf die Reiterhand.

Ein tänzerisches Gefühl kommt der Beschreibung der Reiterempfindungen im Idealfall beim Trab vielleicht am ehesten nahe. Ein ausbalancierter Trab sticht nicht nach vorne aufwärts und dröhnt auch nicht in den Boden hinein. Es handelt sich vielmehr um eine schwunghafte Gangart, schwingend in einem Mittelmaß zwischen Schritt und Galopp.

Der Reiter hat im Sitz die Chance, mitzuschwingen, auszufedern über den Entlastungssitz, mit dem Pferd zu verschmelzen und daraus zu dominieren und einzuwirken.

Er steht jedoch in der Versuchung, am Pferd zu klammern, es zu stoßen, in die Bewegung hinein zu schieben, nach hinten auszuschwingen und dabei noch Seitenstiche zu bekommen.

Wesentlich ist, daß der Reiter diese verschiedenen Qualitäten einer Bewegung kennenlernt und zuordnet. Dann kann er sein bequemes Gefühl noch unterscheiden lernen innerhalb der Tempovariationen und mit verschiedenen Zügellängen.

Den Trab zu reiten heißt, Toleranz gegenüber sich selber zu leben.

Wenn es nicht eingeübt ist, fällt es oft schwer, zwischen dem eigenen bequemen und unbequemen Gefühl zu unterscheiden.

Das Pferd schwebt - geht ohne Rücken

hineinschwingen können wie der Trab im Grundtempo.

Auf dem Trampolin können Sie jetzt auch merken, daß es einen Zeitpunkt gibt, an dem Sie sich erst wahrhaft durchlässig und bereit fühlen, die Gangart zu verstärken hin vielleicht zu einem Geländetrab oder einem starken Trab.

Auf dem Pferd sind die meisten Reiter

DER TRAB

Im Trab wird deutlich ob der Reiter das Pferd an bzw. vor den Schenkel bringen kann.

In dieser Unterscheidung erst liegt jedoch die Chance zur Qualitätsverbesserung. Diese Entscheidung dann zu leben heißt, im Trab ständig zwischen den Sitzarten zu variieren.

So kann man fünf Schritte Entlastungssitz reiten, fünf Schritte aussitzen und fünf Schritte Leichttraben. Oder eine halbe lange Seite im Kavalleriestand reiten, eine halbe lange Seite im Grundsitz und durch die Ecke hindurch bis zur Mitte der kurzen Seite im Schwersitz.

Wichtig dabei ist, daß Sie nicht nach meinen Vorschlägen Ihre Sitzvariationen ausrichten, sondern nach dem Gefühl der Annäherung von Schwung in Versammlung bei Ihrem Pferd. In erster Linie heißt das, daß Ihr Pferd Sie zum Sitzen kommen läßt, oder es Sie sogar richtig hinsetzt.

Nur zu häufig wird umgekehrt gearbeitet. Der Reiter versucht auszusitzen und dabei sein Pferd irgendwie an den Zügel zu formen, während weder er noch das Pferd dabei ein Gefühl von Bequemlichkeit entwickeln.

Meine Beobachtung ist, daß das Grund- oder Arbeitstempo des Pferdes im Trab am Zügel für den Reiter offensichtlich sehr schwierig zu bearbeiten ist. Häufig klammert der Reiter, hält sich am Zügel fest und läßt sich oder das Pferd aus dem Rhythmus bringen. Währenddessen macht sich das Pferd im Rücken fest und stützt sich auf dem Zügel ab. Dabei und dadurch verliert

Der Trab

der Gang an Ausdruck und natürlich an Balance. Eine Veränderung des Tempos und des Raumgriffes im Trab ist dann nicht mehr möglich. Spätestens dann wird deutlich, daß mit viel Kraftaufwand in die falsche Richtung trainiert wurde, während Pferd und Reiter dabei ermüdeten. Und wenn wir Training als Lernprozeß ansehen, kann aber von Pferd und Reiter nichts gelernt werden, da es keinen Ausblick gibt, keine Entwicklung zu einem Gefühl, zu Perspektive.

Mein Trainigsvorschlag geht dahin, daß ich das Pferd an der Longe sowie Pferd und Reiter gemeinsam zu einem Trab unter Tempo schule.

Das Pferd wird dabei wechselweise im tiefen Abdehnen am hingegebenen Zügel und in der Arbeitshaltung in Anlehnung geritten. (Wenn ich die Arbeitshaltung des Pferdes beim Longieren des Pferdes beurteile, möchte ich die Höhe des Mähnenkammes etwa in Höhe der Sitzfläche des Sattels hingehalten haben.)

Die Schwierigkeit beim Trab unter Tempo liegt in der völligen Losgelassenheit bei Pferd und Reiter, die gleichzeitig die Basis eines jeden Lernfortschrittes ist.

Dafür brauchen beide Zeit, also eine Epoche, die nur für diese Bewegung unter Tempo reserviert bleibt, und beide brauchen Geduld für 'die Entdeckung der Langsamkeit'. Denn diese im Rhythmus und in Losgelassenheit zu erhalten ist nicht einfach und erfordert Übung.

Im Ausgleich zu dieser Arbeit mit Pferd und Reiter schule ich in einer Schrittpause am hingegebenen beziehungsweise losgelassenen Zügel den Geländetrab. Pferd und Reiter bauen ihren energetischsten Raumgriff- und temporeichsten Trab auf. Der Reiter trabt dabei leicht, das Pferd geht in leichter Anlehnung.

Durch diesen Geländetrab, den energetischsten Trab, den Pferd und Reiter zur Zeit vorlegen können, wird die Schulterfreiheit des Pferdes für Raumgriff trainiert.

Der Reiter lernt dabei, sich einer größeren Dynamik von Bewegung anzuvertrauen. Das Pferd zieht an, und er zieht mit an.

Bevor ein Reiter lernen kann, Versammlung und Verstärkung beim Pferd abzufragen, braucht er einen Übungsraum, in dem er die Grundlagen dafür abfühlen kann.

Danach kann er dann lernen, den Trab unter Tempo auch mit jedem Warmblutpferd oder Pony zu einem Pleasure-Trab des Westernpferdes aufzubauen, bevor er den versammelten Trab der klassischen Lektion reitet.

Und aus dem in alle Richtungen und für jede vorbestimmte Strecke entwickelten Geländetrab kann er dann Trabverstärkungen bewußt und erfühlend gestalten.

Der Sitz des Reiters folgt auch im Trab dem wechselseitigen Bewegungsvorgang des Pferdes. Der Reiter hat es dabei einerseits leichter, da die Diagonalbewegung nur in zwei Phasen erfolgt, und er hat es andererseits schwerer, da diese Bewegung schwunghaft ist.

Es sind also wieder alle Sitzarten richtig, die dem Reiter ermöglichen, den wechselseitigen Bewegungsablauf je durch die rechte und linke Körperhälfte ganz durchzulassen.

Der Trab

Ob er die Bewegung durchläßt, kann er merken, indem er überprüft, ob er sich klammheimlich am Zügel festhält, ob sein Knie sich wie festgeschraubt anfühlt oder ob die Knie tatsächlich abwechselnd herunterfedern.

Wie tief in den Körper hinein das wechselseitige Abfedern aus dem Trab des Pferdes zu spüren ist, kann der Reiter auf dem kleinen Trampolin spüren.

Für die Versammlung des Reiters, die Grundlage ist für die Versammlung des Pferdes, kann der Reiter viele Übergänge reiten aus dem klassischen Repertoire heraus, also zum Trab/Schritt oder Trab/Galopp kommen.

Vor und nach jedem Übergang muß er seinen beatmeten Schwerpunkt im differenzierten Beckenraum finden. Er sollte seine Füße rechts und links zum Boden in bezug auf Erdung spüren. Fühlen wird er dann auch seine Aufrichtung aus dem Schwung des Pferdes heraus bei freier Halswirbelsäule und freiem Genick - und zwar bei Pferd und Reiter.

Im Trab wird deutlich, ob der Reiter eine Beziehung zur Balance von hinten nach vorne hat und das Pferd an die Schenkel oder vor die Schenkel bringen kann. Wenn das Pferd immer wieder in den Schritt fällt, seitlich ausweicht oder sogar aus nichtigem Anlaß scheuend wegplatzt, ist das nicht so.

Ich gebe dann dem Reiter die Vision vor, daß er die Hinterhand des Pferdes reitend unter seinem Sitz hindurch abfragen kann. Er muß dann eine neutrale Beziehung von seinen Sitzbeinen und Hüftgelenken aus zu den Sitzbeinen und Hüftgelenken des Pferdes aufbauen. Dazu braucht er wieder Zeit.

Im Ergebnis sollte der Reiter das Gefühl haben, mehr Pferd vor sich zu haben als hinter sich.

Der Reiter muß diese Gefühl immer wieder provozieren, um es zu erneuern. Das kann er in Form von Übergängen zum Halten tun und auch in Übergängen innerhalb der Gangart.

Sowohl für das Pferd als auch für den Reiter kann die Balancearbeit im Trab sehr ermüdend sein.

Ich empfehle daher für die Bahnarbeit die Dosierung in kleinen Reprisen. Für die Geländearbeit, also auch für das Ausreiten, empfehle ich eine spaß- und freizeitorientierte Haltung beim Traben.

Trotzdem wünsche ich auch dem Freizeitreiter ein Gespür für die Qualitätsunterschiede im Trab, da das Pferd in dieser Gangart am ehesten lernt, ohne Rückentätigkeit zu laufen und mit harten und steifen Gelenken den Schwung der Bewegung abzufangen. Auch der Freizeitreiter sollte sein Pferd nicht unbedacht in zwei Teile reiten wollen, nicht nur um der Gesundheit und der Lebensfreude des Pferdes willen, sondern auch weil ein auseinanderfallendes Pferd seine eigene Gesundheit und sein eigenes Lebensgefühl tangiert.

Der Galopp

Jeder Reiter möchte galoppieren. Ein Indianer sein, ein Reiter, ein Ritter - dieser Gedanke verbindet sich mit dem Galopp.

Wichtig ist der Zeitpunkt, den Galopp zu lernen. Meist bestimmt ihn der Reiter selber. Wenn ich die Vorgabe mache und viel Zeit mit dem Reiter zur Verfügung habe, warte ich, bis der Reiter im Schritt und Trab mit und ohne Sattel sicher sitzen kann.

Wenn der Reiter gerne galoppieren oder ich ihm dieses Erfolgserlebnis mit auf den Weg geben möchte, warte ich auf die Grundbalance im nachfolgenden Sitz im Schritt beim Reiter. Dabei stelle ich ein im Galopp sehr ausbalanciertes Pferd zur Verfügung.

Galoppieren heißt angaloppieren. Welche Auswirkungen der Galopp in dem rechts-/linksseitig zusammenklingenden Reiterkörper hat, ist schon gleich beim angaloppieren spürbar, erfahrbar, lernbar.

Ich wiederhole daher das Angaloppieren für den Reiter. Gleichzeitig bekommt er die Information, daß Galoppieren in Balance auch heißen kann, alle paar Meter den Galoppsprung auf seine Qualität hin zu überprüfen und auch im Galopp immer wieder neu anzugaloppieren.

Über ein Square, das Reiten auf einem Rhombus, schule ich das Gefühl des Reiters dafür, wie der Energiefluß von der äußeren Hinterhand des Pferdes aus seinen Anfang nimmt und zur inneren Vorderfußwurzel des Pferdes durchläuft.

Jeder Reiter möchte galoppieren.

Auf einem Square verbindet der Reiter im Schritt drei Zirkelpunkte und X, den Mittelpunkt der Bahn, in geraden Linien miteinander.

Zuerst reitet er dabei lange Zeit im Schritt und stellt sich ein in passiv-neutraler Position. Das Pferd muß sich in die Gestalt dieser Bewegung nach und nach selber einfinden. Dem Reiter wird spürbar und erfahrbar, wann der äußere Hinterfuß des Pferdes antritt und wann und in welcher Weise der Hinterfuß in die neue Bewegungsrichtung hinein die verwahrenden äußeren Hilfen des Reiters abholt.

Auf der Innenseite geht es dann darum, nicht zu stören und die innere Sitzbeinseite sowie den nachfolgenden Körper zum Schwerpunkt des Pferdes hin einzulassen, während der Reiter mit dem inneren Zügel begleitet oder fragt, jedoch auf keinen Fall hindert! Aus der Übersteuerung der Innenseite und dem Verlieren der Außenseite bei Pferd und Reiter erfolgen viele Imbalancen im Galopp.

Wer galoppieren kann, kann auch springen. Ein Holsteiner Fohlen von Literat.

Galopp

Galoppieren heißt angaloppieren.

Die Pferde verstellen sich im Genick und werden insgesamt schief. Dadurch finden sie oft entweder den Handgalopp nicht oder springen in jeder Ecke um.

Viele im Galopp durch die Reitereinwirkung dauerhaft gestörte Pferde stürmen oder fliehen im Galopp, oder sie hoppeln gebunden und im Viertakt dahin im sogenannten Tralopp.

Der Galopp ist eine springende Bewegung.

Wir bewegen uns mit dem Pferd über eine Schwebephase von Sprung zu Sprung.

Wer Schritt reiten kann, kann auch angaloppieren. Wer Galopp reiten kann, kann auch springen.

Der Reitersitz im Galopp ist schwierig zu erlernen. Häufig verwirklicht der Reiter ein beidseitiges Konzept in dem Bemühen, mit dem Sattel zu verschmelzen. Wenn ihm das nicht gelingt, klappt er in den Sattel hinein. Oder er schiebt gegen den Zügel, um nicht zu klappen oder nach vorne zu fallen. Dadurch wird für das Pferd der Galoppsprung unterbunden, und es verliert seinen Schwung und seine Taktreinheit.

Wenn der Reiter den Galoppsitz finden will, muß er ohne Pferd erst einmal aus einer Schrittstellung heraus die differenzierte Beckenbewegung finden.

In einer Schaukelbewegung nach vorwärts-aufwärts analog zum sich öffnenden Hüftgelenk kann er lernen zu spüren, wie er sich auf der Innen- und auf der Außenseite im Becken und Hüftgelenk verhält. Machen Sie diese Schaukelbewegung aus der Schrittstellung heraus, indem Sie gebeugt stehen wie ein Affe, locker in den Armen, Händen, Knien und im Rücken. Belasten Sie in der Schrittstellung zuerst das hintere Bein, dann das vordere. Wechseln Sie ab, indem Sie aufgerichtet zum hinteren Bein in der Schrittstellung zurückpendeln. Sie gewinnen so die Beckenfreiheit zur Galoppbewegung und ein Gefühl dafür, wie sich der Schwung und Sprung im Galopp unterschiedlich durch die gesamte Körperhälfte hindurchzieht.

Sofern Sie nicht ohne Sattel reiten lernen, sollten Sie den Galopp anfangs im Entlastungssitz trainieren, mit phasenhaftem, vorsichtigem Übergang zum Aussitzen.

Sie kommen zur Natürlichkeit im Galopp, wenn Sie lernen, sowohl Ihr persönliches Renngalopptempo zu reiten als auch die angreifende, springende, wölbende Art. Kulturhistorisch findet sich in der ersten Art das Fliehen des Pferdes und des Reiters vor dem Feind wieder.

In der zweiten Art haben viele Epochen Überleben im Kampf erprobt und daraus die höfische Reitkunst der Kaiser und Könige angelegt und gepflegt.

Beides sind Erinnerungen und Gefühle, die wir genauso wie das Pferd in unserem Körper abgespeichert haben.

Wenn Sie also zu einem Lernfortschritt beim Galopp kommen wollen, sollten Sie beide Möglichkeiten in verbesserter Qualität zur Verfügung haben, um zu einer der Monotonie und Verhaltenheit entronnenen, angemessenen Wahl des Galoppierens zu kommen.

Seien Sie dann gleichzeitig der den Büffel jagende Indianer als auch der weiße Ritter gegen den schwarzen im nahen Gefecht.

Verwirklichen und spüren können Sie dann gleichzeitig die herausschiebende fliehende Kraft des Rennens als auch den Aufwärtsbogen der Versammlung über die maßlose Kraft der großen Gelenke der Hinterhand.

KÖRPERARBEIT BEIM REITEN

Wenn wir beim Reiten in der Bahn darüber nachdenken, wie wir ein Balancekonzept verwirklichen können, erschließt sich uns eine Schatztruhe von Möglichkeiten, wie wir dem Pferd dabei helfen können, sich über die Beziehungen zu seinem Schwerpunkt in der Ruhe und in der Bewegung klar zu werden sowie über sein Verhältnis zu echter Durchlässigkeit in seinem Körper für Energiefluß und kraftvollen Selbstgebrauch.

Körperarbeit beim Reiten

Für Moshe Feldenkrais war das Ziel seiner Bemühungen nicht das lockere und gelöste Lebewesen, sondern der Zugang und die Verwirklichung von innerer Kraft.

Dem Reiter empfehle ich, jedes Wissen aus allen ganzheitlichen Lehren zu Hilfe zu nehmen. Insbesondere denke ich da an die Einzelstunden in Funktionaler Integration oder Gruppenlehrstunden ATM bei anerkannten Feldenkraislehrern.

Eine körperbewußte Vorbereitung für das Pferd liegt in der Körper- und Bodenarbeit der TTEAM-Methoden von Linda Tellington-Jones.

Auch diese Methoden sollten kompetent erlernt werden, da sich erst in der tiefen, erfahrenen Arbeit die Wirksamkeit erschließt.

Jedes Tätigkeitsfeld hat jedoch seine eigene Arbeitsenergie. Daraus ergibt sich, daß es manchem Pferd und manchem Reiter nicht möglich ist, automatisch einen Transfer zu machen von optimaler körperlicher und seelischer Losgelassenheit bei einem Lernprozeß in einer Ruhe- oder Laborsituation zu der gleichzeitig gelassenen und kraftvoll gesammelten Energie am "Arbeitsplatz".

Viele Reiter haben ein gehorsames und losgelassenes Pferd auf der Weide, im Stall und am Putzplatz. Oft hält diese Stimmung bis nach dem Aufsitzen an. Danach ist der vorherrschende Eindruck harte, feste, nicht mehr fließende Form, Ungehorsam und Unbequemlichkeit.

Hier setzt dann unter anderem die Körperarbeit des Pferdes beim Reiten an. Sie dient einmal dazu, das Pferd zu lösen. Es soll mit Sattel und Reiter vom Reiter in die Lage versetzt werden, überhaupt Gewicht tragen zu können. Es soll dadurch motiviert und vorbereitet werden, damit es Lernprozesse anlegen und aufnehmen kann.

Zum zweiten ist die Körperarbeit beim Reiten der reminder, der Erinnerungsfaktor bei Pferd und Reiter, der klar macht, wo im Körper Blockaden aufzulösen wären, um Lernfortschritte und Energiefluß zu koppeln.

Drittens liegt ein Hauptvorteil im Erlernen von Körperarbeit beim Reiten darin, daß der Reiter seine Einstellung ändert. Ich spreche hierbei von Einstellung als der Grundlage zur Verwirklichung einer Vision von der Freundschaft zwischen Pferd und Mensch. Das Pferd kann dann keine Maschine mehr sein, die auf Knopfdruck reagiert, sondern ist ein beseelter und gleichzeitig intelligenter, lernfähiger Körper zu einem Kopf mit Geist, genauso wie hoffentlich sein Reiter.

Wenn ich eine Reitstunde einleite mit der Körperarbeit beim Reiten, beginne ich mit der Sattelmassage im Halten, Schritt und Trab im Entlastungssitz. Dadurch gewinne ich eine Beziehung zum Rücken des Pferdes in seiner Haltung unter dem Sattel. Die Rückenaufwölbung in der Wirbelsäule wird angelegt, klemmiges enges Gehen erweitert. Für diese Sattelmassage setze ich einen Zeitraum von ca. 10 Minuten an und wie-

KÖRPERARBEIT BEIM REITEN

TTEAM-TOUCH mit Pferden am Oberarm und der Halsmuskulatur mit Linda Tellington-Jones.

Mähnenkammlockerung

derhole sie, wann immer ich eine Verspannung in der Wirbelsäule des Pferdes spüre.

In der Regel leite ich dann über in eine Periode von ca. 10 Minuten, die man mit Freiraum für freie Atmung beschreiben könnte. Im Schritt am hingegebenen Zügel leite ich das Delphinatmen ein, das ich dann kontinuierlich im Trab und Galopp sowie in der Lektionenarbeit überprüfe und neu vorlege.

Mein Ziel bei jedem Pferd ist, daß es in der ersten lösenden Phase zum Abschnauben und Abäppeln kommt und auch weiterhin zur Bewegung rhythmisch hinatmet beziehungsweise daß es vor jeder schwierigen Aufgabenstellung oder Streßphase seinen Darm entleert.

Das Delphinatmen in der Körperarbeit beim Reiten lege ich nicht nur für das Pferd an, sondern auch für den Reiter. Auch ihm dient die gelöste und um neue Bewegungserfahrungen erweiterte Zwerchfelltätigkeit für ein lebendigeres und athletischeres Reiten.

Als nächstes wende ich mich in der Anleitung der Körperarbeit beim Reiten der Halsmuskulatur des Pferdes zu.

Im Schritt, Trab und Galopp knetet der Reiter mit einer Hand den Mähnenkamm des Pferdes vom Widerrist bis zum Genick nach rechts und links durch. Sein Ziel dabei ist, den Mähnenkamm so durchzulockern, daß er zur Bewegungsrichtung hin rechts oder links herüberfallen kann.

Außerdem kann der Reiter so erfühlen und damit gleichzeitig dem Pferd zu verstehen geben, ob die Textur in der Muskulatur sich gleichmäßig weich und belastbar anfühlt oder ob die Aufgabenverteilung in der Halswirbelsäule unregelmäßig verläuft und sich von daher im oberen Nackenband Verhärtungen und Entzündungen stauen.

Danach fühlt der Reiter mit der rechten und linken Zügelhand dem Muskulaturgebrauch der rechten und linken Halsseite nach. Er benutzt dafür die flache Handinnenfläche, in der er gleichzeitig den Zügel gegen den Hals legt.

Im selben Moment neugierig herausfindend und probierend, leichtert und belehrt er unterdessen den Hals des Pferdes zu natürlicherem und angemesserenem Verhalten in den gewünschten Bewegungsablauf hinein.

Am ehesten hineinhorchen in diese rechts- und linksseitigen Halsberührungen kann das Pferd in Anlehnung zur Dehnungshaltung oder Versammlung, während es gleichzeitig am Sitz des Reiters ist, es also über den nachfolgenden Sitz im Pacing und Leading zur Orientierung um seinen Schwerpunkt herum abgefragt wird und da-

Dehnung über Halsberührungen

Körperarbeit beim Reiten

Reiten als Vision der berittenen Freundschaft zwischen Mensch und Pferd.

nach trachtet, seine Balance zu verbessern.

Ganz unreiterlich sieht sie aus und ganz unprofessionell und ist doch extrem tiefenwirksam zur Erhöhung des Körpergefühls beim Reiten: Die Rede ist von der Körperarbeit an der Lendenwirbelsäule und Kruppe des Pferdes beim Reiten. Der Reiter muß dazu den Zügel relativ lang lassen, sich in der Taille drehen und relativ weit nach hinten lehnen. Die Körperarbeit an der Kruppe des Pferdes wird daher am ehesten im Schritt und Galopp durchgeführt.

Der Reiter berührt mit zwei bis drei Fingerkuppen einer Hand rhythmisch klopfend die Hinterhand des Pferdes.

In der Grundannahme, daß dem Pferd das Gefühl für die Hintergliedmaßen über eine Wachstumsphase oder die Haltung reduziert wurde oder sogar abhanden gekommen ist, wartet er auf eine Reaktion, in der das Pferd fröhlicher, energischer, bewußter unterspringen könnte. Der Reiter kann mit den Fingernägeln in die Kruppe des Pferdes linear hineinkratzen oder den Tellington-Touch anwenden. Sein Ziel ist es, mehr Engagement in der Hinterhand zu erreichen, ohne sich selber festzumachen über 'Zorn' im Becken oder im Schenkel beim Anleiten der Hinterhand zu mehr Bewußtsein. Das Ziel des Reiters ist dabei immer das natürliche, belehrte, in Selbsthaltung laufende Pferd, das seine körpereigene Intelligenz aktiviert.

Als letztes lehre ich in der körperorientierten Vorbereitung oder Begleitung des Pferdes die rhythmische, orientierende Gertenhilfe.

Ich sehe dabei die Gerte als meinen Taktstock an, mit dem ich die Musik ins Pferd hereindirigiere.

Gertenhilfen sind zumeist sehr gut vom Boden aus mit dem Pferd einzuüben. Der Wiedererkennungseffekt ist groß, der Widerstand dann gering. Voraussetzung dafür ist, daß das Pferd gertensicher ist.

Das überprüfe ich als Reiter, indem ich das Pferd vom Boden und vom Sattel aus mit der Gerte am ganzen Körper abstreiche. Ich führe die Gerte auch in einem Abstand über die Ohren nach vorne und zurück, da viele Pferde Angst haben vor Empfindung über sich, die sich natürlich beim Reiten störend auswirkt.

Desgleichen streiche ich das Pferd unter dem Bauch ab bis zu den Geschlechtsteilen und entlang aller Beine zum Boden.

Ich möchte dabei nicht, daß das Pferd beunruhigt im Auge oder zappelnd diese Prozedur über sich ergehen lassen muß, sondern wiederhole diese Übung so lange und so häufig, daß die Pferde das Abstreichen mit der Gerte empfinden wie einen Kontakt aus dem verlängerten Arm heraus, wie eine Anmahnung an Gleichgewicht und wie die Gestaltung durch eine/n Bildhauer/in oder Töpfer/in.

Es gibt eine sehr schöne Übung dazu: das Delphintraining. Stellen Sie sich dafür ohne Pferd einem Freund oder einer Freundin gegenüber auf. Nehmen Sie in jede Hand

Der TTEAM-Touch an der Kruppe des Pferdes

eine lange Gerte, und gestalten Sie über die Berührung mit den zwei Gerten eine Figur oder Haltung aus ihrer menschlichen Muse.

Bereden Sie die Empfindungen, die Sie beide dabei haben, und beobachten Sie dann Ihr Pferd beim Abstreichen unter denselben Gesichtspunkten.

Wenn Sie Ihr Pferd geraderichten oder vortreiben möchten, können Sie Ihre Gerte entlang am Pferd schwingen wie ein Rennreiter vor dem Finish.

Auf ungewohnte Weise vortreibend wirkt auch häufig die über dem Mähnenkamm des Pferdes und über den Ohren energievoll wedelnde Gerte. Besonders überraschend ist es für den Reiter, wenn man auf diese Art ein Pferd anregen kann, das die Gerte an den Rippen, der Kruppe oder den Hinterbeinen ausblockiert.

Die an der Schulter des Pferdes geführte Gerte wirkt verwahrend, verhindert also einen Ausfall der Schulter. Beispielsweise wenn ein Pferd über die Schulter hinweg aus der Bewegungsrichtung herausläuft oder nach innen hineinfällt.

Wenn die Gerte an der Vorderbrust und entlang dem Kehlgang geführt wird, gibt sie damit ein Signal für die Leichtigkeit in der Aufrichtung der Vorhand.

Bei aushaltender Hand und treibender Einwirkung kann ein rhythmisches Touchieren an der Vorderbrust des Pferdes die direkte Information zum Rückwärtstreten sein.

Rythmische Gertenhilfen zum Vortreiben, seitwärts treiben und Energieaufbau des Pferdes.

Diese Aufgabe kann der Reiter zusätzlich unterstützen, indem er herausfindet, wo er an der Vorhand beziehungsweise am Röhrbein des Pferdes über Touchierhilfe den Impuls zum Rückwärtstreten geben kann.

Ein Touchieren und Abklopfen am Huf des Pferdes sowie auf allen Ebenen aufwärts der Vorder- und der Hinterbeine sollte einen Reflex auslösen zum Anheben der Beine. Wie Ihr Pferd diese Aufgabe löst, sagt Ihnen etwas über seine Kopf-Hand-Koordination und über sein Reiz-Reaktions-Gefühl in den Beinen. Wenn Sie sich Erhabenheit im Gang des Pferdes wünschen und einen Antritt zu seinem Schwerpunkt hin, liegen hier Förderungsmöglichkeiten über die Wiederholung.

VERGESSEN SIE NICHT AM SCHLUSS IHRER TOUCHIERHILFEN, MIT DER GERTE MEHRFACH SANFT ABZUSTREICHEN, UM EVENTUELLE IRRITATIONEN IM NERVENSYSTEM DES PFERDES ZU BERUHIGEN.

Zum Schluß der Phase Körperarbeit beim Reiten lehre ich die Rhythmik der Touchierhilfen angemessen an die Gangart des Pferdes.

Bildhaft erkläre ich dann den Reitern, die Gertenhilfe wie einen Trommelwirbel vor dem Paukenschlag zu sehen oder wie Pinselstriche beim Ausmalen eines Gewitters im Aquarellbild.

So sollten Sie im Schritt die Gerte achtmal einsetzen oder doppelt so schnell wie eins - und - zwei - und - drei - und - vier - und - fünf - und - sechs - und - sieben - und - acht.

Und im Trab 1 - 2 - 3 - 4
    1 und 2 und 3 und 4 und 1 und...
Und im Galopp
    1 - 2 - 3 - vier **1** - 2 - 3 - vier **1** - 2 - 3 - vier

Zusätzlich kann ich bei der ausbalancierten Gertenhilfe auf die Erkenntnisse der Musiktheorie zurückgreifen. Dafür verstärke ich im Viertakt den dritten Schlag mit einer Doppelnote

1 - 2 - 3 und - 4
1 - 2 - 3 und - 4

Setzen Sie bitte bei 3 **und** einen doppelten Pinselstrich an.

Sie können vieles machen mit der Gerte und vieles variieren. Bewerten Sie die Intensität für den Gebrauch der Gerte an der Reaktion des Pferdes - und bitte - geraten Sie nicht ins Prügeln.

Trotzdem sollte nach dieser Lektüre die Zeit des hilflosen "Bäng" mit der Gerte oder "Bäng, Bäng" für Sie vorbei sein. Reiten Sie körperbewußt!

Sie werden vielleicht merken, wie schwer Ihnen der differenzierte Umgang mit der Gerte und Ihren Händen fällt.

Vielleicht erwächst Ihnen daraus mehr Verständnis und mehr Sicherheit, wie Sie Ihr Pferd körperbewußt über Touchierhilfen und manuelle Führung begleiten.

ÜBER DIE LIEBE BEIM REITEN

Es gibt viel mehr an Informationen über den Zusammenhang von Körpergefühl und Reiten.

Es gibt mehr Literatur dazu, und es wird noch mehr geben.

Sie können sich als Lehrer für Feldenkrais und Reiten ausbilden lassen, und im Schneeballsystem werden die Absolventen solcher Kurse Ihnen Informationen und Einsichten geben, wie man sich Körpergefühl zu Pferde erschließen kann.

Ich lebe damit, daß der Raum in diesem Buch für Tips und Informationen begrenzt ist.

Ich wollte Ihnen die Einsicht vermitteln, aus welcher Basis an Einstellungen und Unterlassungen Kommunikation zu Pferden lebbar wird. "Das Unmögliche möglich zu machen, das Schwierige leicht und das Leichte angenehm" ist ein Leitmotiv von Moshe Feldenkrais für seine/unsere Arbeit. Wenn wir das tun, sind wir unterwegs, uns das Leben lebendiger zu machen.

Beim Reiten können wir dann unsere eigenen Ansprüchen (an Höhenflügen) gerecht werden, indem wir dabei noch getragen sind.

Wir gewinnen Freunde, denn Pferde können unsere Freunde sein.

Sie dienen und bleiben dabei wesenhaft frei. Sie binden sich jedoch exklusiv, wenn ihnen jemand gefällt, der mit ihnen in ihrer Sprache kommuniziert und ihnen Liebe und Achtung erweist.

Die Erweiterung unseres Kommunikationssystems um die des Pferdes bietet uns die Möglichkeit, zu lernen und zu wachsen, intelligent und dabei doch lustvoll und lebendig zu sein.

ÜBER DIE LIEBE BEIM REITEN

Wir gewinnen Freunde, denn Pferde können unsere Freunde sein.

ÜBER DIE LIEBE BEIM REITEN

Das Hingeben des Zügels setzte ich als Lob ein

Aus dieser Reihe von Geschenken, die das Pferd uns machen kann, erwächst jedoch eine besondere Verantwortung, in der wir stehen.

Es reicht nicht, sein Pferd zu lieben, sondern es bedarf der Fähigkeit, Pferden die Liebe beim Reiten zu zeigen. Dieses findet oft nicht statt.

Viele Pferde werden lange und gründlich geputzt, mit Leckerlis gesättigt und beim Reiten gelobt und geklopft. Sie werden geschont in der Reitweise und unehrgeizig geritten. Trotzdem sehen sie häufig gritzig aus und gehen mit ihrem Reiter schlecht um. Sie lassen ihn im Stich, wenn es um geringste Leistungsanforderungen oder Selbstdisziplin geht.

Es ist dann nicht viel wahre Liebe zwischen den beiden.

Und so habe ich mich aufgemacht zu untersuchen, warum das so ist.

Ich denke, daß die Verwirklichung von körperlichem und seelischem Gleichgewicht viel mehr Fühlen verwirklicht von einem Selbst zu einem anderen Selbst.

Das betrifft sowohl das Pferd als auch den Reiter.

Daraufhin lobe ich also nicht das Dasein des Pferdes oder die Abwesenheit von Widersetzlichkeit und auch nicht den Akt des Lostrabens, Losgaloppierens, das Anhalten oder das Springen - sondern ich unterscheide innerhalb dieser Situationen das jeweils vorgelegte Gleichgewicht oder den Ansatz einer Bemühung um Gleichgewicht.

Ich kann dabei auch erkennen, daß eine

ÜBER DIE LIEBE BEIM REITEN

Satteln Sie das Pferd in der Reitbahn ab, und lassen Sie es sich wälzen.

gute Leistung sich selber über das Erfolgserlebnis "lobt". Mein Pferd oder der Reitschüler strahlen dann aus sich selbst heraus. Das Lob ist die gelungene Verwirklichung von Balance, Gefühl im Raum und Beziehung zu sich selbst.

Entsprechend setze ich die anderen Hilfen als Verstärkung einer tendenziellen ausbalancierten Situation ein.

Eine Gertenhilfe kann dann streicheln, den Weg weisen, Energie aufbauen, Rhythmus geben oder Zorn übermitteln.

Ein Zügelimpuls kann Lob sein, wenn Sie die Hände öffnen und sich Ihr Pferd den hingegebenen Zügel nimmt und daran tief abdehnt.

Die Einwirkung über die Reiterhand kann ein Impuls sein, über mehr Gewicht die Balance zu unterstützen oder über das Entlasten vom Druck im Nachgeben die Selbsthaltung zu verstärken.

Wenn Sie Ihr Pferd eine bis zwei Runden führen, bevor Sie aufsitzen, sichern Sie ein freundliches Ankommen zum Reiten hin, sowohl für Ihr Pferd als auch für Ihre Glieder.

Wenn Sie statt eines ermüdenden und monotonen "Trockenreitens" vom Pferd abspringen und es absatteln und es sich wälzen lassen, ist das ein Lob und ein Zeichen Ihres Respektes vor der Tagesleistung

ÜBER DIE LIEBE BEIM REITEN

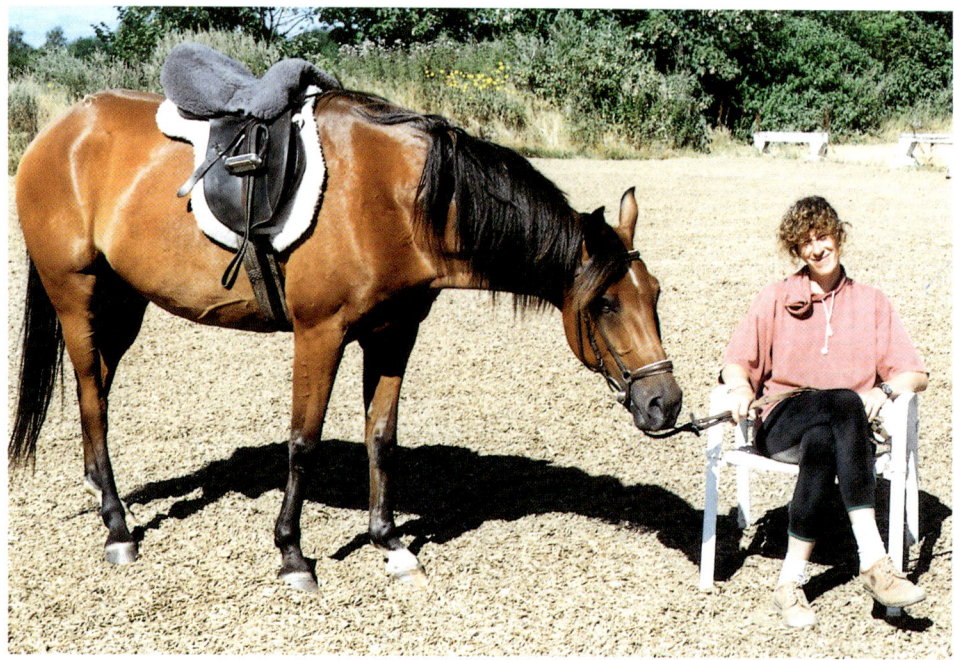

Absitzen und Ihr Pferd zuschauen lassen, wenn andere trainieren, ist ein Lob für die gelungene Verwirklichung von Balance, Gefühl im Raum und Beziehung zu sich selbst.

des Pferdes. Und diese Geste wird verstanden; man kann dann zusehen, wie sich die Pferde mehr und mehr in der Arbeitsphase engagieren.

Die Liebe beim Reiten zeigt sich darin, wie bewußt wir miteinander ähnliche körperliche Kommunikationsmerkmale aufmerksam und differenziert einsetzen können und wollen. Schon der Versuch um Verständnis läßt einem das Pferd entgegenkommen.

Pferde lieben es, wenn man am Gleichgewicht arbeitet, da sie parallel daran arbeiten. Schon der Versuch von Verständnis läßt sie einem entgegenkommen und sie arbeiten dann mit. Bei der Verbesserung von Balance lieben sie uns über das erfolgreiche und leichte Gefühl gleich mit, welches ihnen entsteht.

Pferde sind dankbar über die Entscheidung zwischen passiv - neutraler Position und dem aktiven Aufbau des Athleten. Einige sind dankbar für eine untergeordnete, eher passive Rolle, andere sind aufbrausend und ehrgeizig und wollen diesen Stolz auch leben und zeigen.

Wenn Sie die in diesem Buch aufgeführten Wege reiterlich nachvollziehen, wird Ihr Pferd Sie deutlicher lieben. Es kommt dann gerne zu Ihnen von der Weide. Seine Haut ist stark, seine Augen leuchten stolz, sanft und frei. In seinem Reiten ist es dann schwingender im Rücken und schwebender im Gang, während es gleichzeitig einen verwurzelten und ehrlichen Eindruck macht. Es fängt an, Sie zu ahnen und Ihnen in Ihren reiterlichen Wünschen zuzuarbeiten. Es ist jetzt viel sicherer, schöner und freier.

Ich lade Sie ein, in diesem Buch Nuancierungen und Zwischentöne zu finden, ein und dieselbe Information in einander ähnlichen Kommunikationsriten vorzuschlagen und auszuprobieren.

Das betrifft die Zügeleinwirkung und den Sitz des Reiters ebenso wie die Einschätzung des Pferdes in seinem Grundkonsens zur Zusammenarbeit während der Arbeitsphasen und Pausen. "Der ist stur oder schaltet auf stur" ist dann genauso überholt wie "die faule Socke".

Statt dessen entwickeln Sie ein Repertoire alternativer Bewegungsvorschläge und Richtlinien zum Trainingsaufbau wie zum Beispiel Stangenkombinationen oder Körperarbeit beim Reiten, unterlegt von Belobigung und Sprechgesang.

Daraus bekommen Sie dann die gewünschte légèreté und Austrahlung seitens Ihres Pferdes. Und das Glückserlebnis und den Erfolg beim Reiten - mit guten Mitreitern, einem guten Reitlehrer und unseren wundervollen Ponys und Pferden.

Wer mehr wissen möchte
kann sich wenden an:
Internationales Institut für Ausbildung
Feldenkrais und Reiten
Rawisch 4
21493 Klein Schretstaken
Tel. 04156-7394 oder Fax 8380

'ENDURING PRESENT'

CENTERED RIDING ALUMNI CLINIC
POOLESVILLE, MD. SEPT. 1997

BÜCHER FÜR PFERDELEUTE

Karin Drewes
Aufs Pferd gekommen I
Haltung und Pflege
ISBN 3-86127-508-2

Karin Drewes
Aufs Pferd gekommen II
Füttern, Training, Gesundheit
ISBN 3-86127-509-0

Angelika Schmelzer
Longieren - leicht gemacht
Übungen für sicheres gekonntes Longieren, Ausrüstung, Longiertechniken, Hilfestellung bei Problemen
ISBN 3-86127-507-4

Birgit van Damsen
So werden Pferd und Reiter geländesicher
Training im Gelände und Straßenverkehr
ISBN 3-86127-506-6

Nikola Fersing
Geld- und Zeitspartips für Pferdeleute
Erschwingliches Reiten und richtige Zeiteinteilung
ISBN 3-86127-503-1

Silvia C. Hofmann
Western
Der Weg zum Westernreiter
ISBN 3-86127-502-3

Marie-Luise von der Sode
Der Gaul macht nicht mit
Lösungen für die Praxis
ISBN 3-86127-505-8

Heike Groß
Alte und unreitbare Pferde
Praxistips, Pflege, Gesundheit
ISBN 3-86127-504-x

Angelika Schmelzer
Umgang mit Hengsten
Erziehung, Haltung, Zucht
ISBN 3-86127-501-5

**Erhältlich im Buch- und Reitsportfachhandel.
Prospekt anfordern bei:**

Cadmos Verlag GmbH • Lüner Rennbahn 14 • D-21339 Lüneburg • Tel. 04131-981666 • Fax 04131-981668

RATGEBER FÜR ANSPRUCHSVOLLE FREIZEITREITER

Brigitte Millán-Ruiz
DAS SPANISCHE PFERD

Das Rasseportrait des Spanischen Pferds, auch oft Andalusier genannt, mit vielen wichtigen Tips zu Kauf und Haltung, mit allen eingetragenen Brandzeichen. Faszinierende Fotos zeigen diese Pferde in ihrer Heimat.

64 Seiten, Großformat, farbige Abb.
ISBN 3-86127-315-0

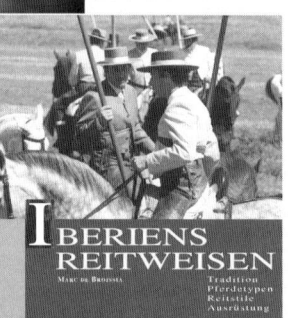

Marc de Broissia
IBERIENS REITWEISEN

Alles über Tradition, Pferdetypen, Reitstile und Ausrüstung. Fotos mit zum Til einmaligen, dokumentarischen Wert.

64 Seiten, Großformat farbige Abb.
ISBN 3-86127-312-8

Horst Becker
VON DER FREIHEITS- DRESSUR ZUR HOHEN SCHULE

Über die Kunst der Longen- und Doppellongenarbeit

80 Seiten, Großformat, farbige Abb.
ISBN 3-86127-310-1

CADMOS PFERDEBÜCHER

PROSPEKT ANFORDERN BEI:
CADMOS Verlag   Lüner Rennbahn 14   D-21339 Lüneburg
Telefon 04131 / 981666 Fax 04131 / 981668